주 식 회 사
독 재 정 치

KB192004

주식회사 독재정치

Autocracy, Inc.

앤 애플바움

현대정치연구회 옮김

책과함께

낙관주의자들을 위하여

일러두기

• 이 책은 Anne Applebaum의 AUTOCRACY, INC.(Doubleday, 2024)를 우리말로 옮긴 것이다.

• 옮긴이가 덧붙인 짧은 설명은 〔 〕로, 긴 설명은 각주로 표시했다.

• 인명·조직명 등 고유명사와 주요 용어의 원어는 〈찾아보기〉에 표시했다.

차례

들어가며

주식회사 독재정치

독재 국가 하면 우리는 풍자만화의 이미지를 머릿속에서 떠올리곤 한다. 맨 꼭대기에 악인이 앉아 있고, 그가 군대와 경찰을 통제한다. 군대와 경찰은 무력으로 국민을 위협한다. 사악한 부역자들이 있고, 용감한 반체제 인물도 일부 있을 수 있다.

그러나 21세기에 이 같은 풍자만화는 현실과 그다지 닮지 않았다. 오늘날 독재 국가는 악인 한 사람에 의해 운영되는 것이 아니라, 도둑정치kleptocracy• 방식의 재정 구조, 군대, 준準군사 조직, 경찰을 비롯해 다양한 보안 기관, 감시와 선전선동(프로파간다), 가짜 정보를 제공하는 기술 전문가 등으로 구성된 네트워크에 의해 운영된다. 이 네크워크 구성원들은 한 독재 국가의 내부뿐만 아니라

• 절도(kleptomania)와 민주주의(democracy)의 합성어. 빈곤한 국가에서 통치 계층이나 정부가 만든 부패 체제를 의미하며, 'thievocracy'로 쓰기도 한다. 도둑정치 지도자(kleptocrat)는 광범위한 국민의 희생을 바탕으로 개인적 부와 권력을 추구하면서 국가의 사회적·경제적 문제들을 등한시함으로써 위기에 직면했을 때 무능한 형태를 보이며, 그 결과 쉽게 정권이 무너지기도 한다. 도둑정치가 자행되는 나라에서는 민간 사회와 법의 지배가 붕괴해 대다수 국민이 큰 고통을 겪는다.

다른 독재 국가, 때로는 민주 국가의 구성원들과도 연결되어 있다. 한 독재 국가에서 국가의 통제를 받는 부패한 기업들은 다른 국가에서 국가의 통제를 받는 부패한 기업들과 거래를 한다. 한 나라의 경찰은 다른 여러 나라의 경찰을 무장시키고, 장비를 제공하고, 훈련시킬 수 있다. 선전선동꾼들은 서로의 자원을 주고받으며(한 독재자의 선전선동을 증진시키는 악의적 댓글부대troll farms와 미디어 네크워크는 다른 독재자의 선전선동에 이용될 수 있다), 민주주의의 타락, 독재정의 안정성, '미국의 악'과 같은 선전 주제를 공유한다.

제임스 본드가 나오는 영화에서처럼 악당들이 만나는 비밀 장소가 있다는 말은 아니다. 우리와 그들 사이의 투쟁이 흑백 논리식이거나 이분법적 경쟁이라는 말도 아니며, '두 번째 냉전Cold War 2.0'이라는 말도 아니다. 오늘날의 독재자들은 스스로를 가리켜 공산주의자, 왕정주의자, 민족주의자, 신정주의자라고 부른다. 이 독재자들의 정권은 저마다 다른 역사적 뿌리, 저마다 다른 목표, 저마다 다른 미학을 가지고 있다. 중국 공산주의와 러시아 민족주의는 서로 다르고, 볼리비아의 사회주의, 북한의 주체사상, 이란이슬람공화국(이하 '이란') 시아파 급진주의와도 다르다. 이 정권들은 아랍의 왕정이나 다른 여러 정권, 예컨대 사우디아라비아, 아랍에미리트, 베트남과도 다르며, 민주주의 세계를 훼손하려 하지는 않는다. 또한 부드러운 독재정치softer autocracy와도 다르고, 때로 비자유주의적 민주주의illiberal democracy라고 불리는 혼성 민주주의hybrid democracy 국가들인 튀르키예, 싱가포르, 인도, 필리핀, 헝가리와도 다르다. 이 정권들은 민주주의 세계와 연합할 때도 있고 그러지 않을 때도 있다. 이 집단은 다른 시대, 다른 장소에 존재했던 군사 동맹이나 정치 동맹과 달리 이념이나 블록으로 움직이기보다는, 개인의 부와 권력을 유지하려는 단호한 결의로 묶인 무자비한 기업 집단과 유사하게 작동한다. 말하자면 '주식회사 독재정치Autocracy Inc.'다.

러시아, 중국, 이란, 북한, 베네수엘라, 니카라과, 앙골라, 미얀마, 쿠바, 시리아, 짐바브웨, 말리, 벨라루스, 수단, 아제르바이잔의 독재자들,[1] 그리고 그외 30여 개 국가의 독재자들[2]은 사상 대신에 시민들의 진정한 영향력이나 목소리를 제거하고, 모든 공공 부문에서의 투명성과 책임의식accountability을 해체하고, 국내외를 막론하고 자신에게 도전하는 세력은 누구든지 탄압한다는 결의를 공유한다. 또한 그들은 부의 축적에 무서울 정도로 실용적으로 접근한다는 공통점이 있다. 당이라는 조직을 배경 삼아 자신의 탐욕을 공개적으로 드러내지 않던 과거 파시스트나 공산주의 지도자와 달리, 주식회사 독재정치의 지도자들은 흔히 호화로운 저택을 과시하고, 이익을 추구하는 벤처 기업과 유사한 협업 구조를 유지한다. 독재자들 사이의 유대, 민주주의 세계 동료들과의 유대는 이상理想이 아니라 거래로 공고해진다. 이 같은 거래는 제재를 피하고, 감시 기술을 서로 교환하고, 부를 축적하는 구조를 서로 돕도록 설계되어 있다.

주식회사 독재정치는 그 구성원들이 권력을 유지하도록 돕는다. 대중의 지지를 얻지 못하는 벨라루스의 알렉산드르 루카셴코 정권은 유럽 연합EU, 유럽 안보협력기구OSCE 등 여러 국제 조직으로부터 비난을 듣고 이웃 유럽 국가들에 기피 대상이 되었다.[3] 벨라루스의 많은 상품은 미국과 유럽에서 판매가 금지되었다. 벨라루스 국영 항공사 벨라비아는 유럽 국가들로 운항하는 것이 금지되었다. 그러나 실상을 살펴보면 벨라루스가 완전히 고립된 것은 아니다. 스무 군데가 넘는 중국 회사가 벨라루스에 자금을 투자했을 뿐만 아니라 중국과 벨라루스 합작 산업 단지까지 조성했는데, 이 단지는 쑤저우의 산업 단지를 모델로 삼은 것이다.[4] 이란과 벨라루스는 2023년에 고위급 외교관이 상호 방문했다.[5] 쿠바 관리들은 유엔에서 루카셴코와 연대하겠다고 공언했다. 러시아는 시장, 역외 투자, 정치적 지지를 제공했고, 아마 경찰과 보안 기관의 협력까지 제공했을 것이다. 2020년, 벨라루스 기자들이 반기를 들고 부정 선거 결과 보도를 거부하자 러시아는 자국 기자들을 파견해 그들을 대체했다.[6] 그러자 벨라루스 정권은 러시아가 자국 영토에 군대와 무기를 배치해 우크라이나 공격에 이용하도록 허용하는 것으로 보답했다.

이론적으로 보자면 베네수엘라도 국제 외톨이다. 2008년 이후 미국, 캐나다, 유럽 연합은 베네수엘라 정권이 보인 잔혹성, 마약 밀수 및 국제 범죄와의 연관성에 대한 대응으로 제재를 강화했다. 그러나 니콜라스 마두로 정권은 러시아에서 차관을 얻었고,[7] 러시아는 베네수엘라 석유 산업에 투자했으며, 이란도 이를 따랐다. 벨라루스의 한 회사는 베네수엘라에서 트랙터 조립 사업을 했다.[8] 튀르키예는 베네수엘라의 불법 금 거래를 도왔다.[9] 쿠바는 오랫동안 보안 자문관과 보안 기술을 카라카스의 경찰과 보안 기관에 제공했다. 중국산 물대포, 연막탄, 방패가 2014년과 2017년에 카라카스의 가두시위를 진압하는 데 사용되어 70여 명이 사망했고,[10] 중국이 창안한 감시 기술이 대중을 감시하는 데 사용되었다.[11] 그런가 하면 국제 마약 거래 조직이 마두로 정권 인사들, 그들의 피후견인과 그 가족 들이 베르사체나 샤넬 같은 사치품을 계속 손에 넣도록 도왔다.

벨라루스와 베네수엘라의 국민 가운데 많은 이들이 자국의 대통령을 경멸한다.[12] 만약 자유선거가 치러졌다면, 이 두 독재자는 선거에서 패배했을 것이다.[13] 이들에게는 저마다 강력한 대항마가 있었다. 벨라루스와 베네수엘라에서는 카리스마 넘치는 여러 지도자와 헌신적인 풀뿌리 활동가들이 반정부 운동을 이끌어왔다. 이들은 동료 시민들에게, 변화를 위해 활동하고 거리로 나와 항의 시위를 하도록 격려했다. 2020년, 인구수 1000만 명의 벨라루스에서 100만여 명이 거리로 나와 도난당한 선거에 항의하는 시위를 벌였다. 수십만 베네수엘라 시민도 전국에서 여러 차례 항의 시위에 나섰다.

만일 부패하고 파산한 베네수엘라 정권이나 잔학하고 흉측한 벨라루스 정권이 이 같은 시민들의 유일한 적이었다면, 저항 운동은 승리를 거두었을 것이다. 그러나 이들이 싸운 대상은 국내의 독재자만이 아니었다. 여러 나라에서 국영 회사들을 통제하고 그 회사들을 이용해 수십억 달러에 달하는 투자를 하는 세계 곳곳의 독재자들과도 싸워야 했다. 예컨대 중국에서 보안 카메라를 구입하고 상트페테르부르크에서 소프트웨어를 사들이는 세력과도 싸워야 했다. 특히 오래전부터 온 세상 사람들의 감정과 의견을 무시하는 초법적 세력들과 싸워야 했다. 주식회사 독재정치는 그 구성원들에게 돈과 안보를 제공할 뿐만 아니라 그보다 훨씬 감지하기 어려운 것을 제공한다. 바로 면죄부다.

외부 세계가 자신들을 건드릴 수 없다는 확신, 다시 말해 다른 국가들의 시각은 전혀 문제될 것이 없으며 어떠한 여론의 법정도 자신들을 재판할 수 없다고 열성적인 독재자들이 공통으로 확신하게 된 것은 비교적 최근에 나타난 현상이다. 이미 과거의 일이지만, 20세기 후반에 매우 강력한 독재정치를 행한 소련 지도자들은 외부 세계에서 자신들을 어떻게 인식하는지에 신경을 곤두세웠다. 그들은 소련 정치 체제의 우월성을 열성적으로 선전했고, 비판을 받으면 이에 반기를 들었다. 제2차 세계대전 이후에 수립된 규범과 조약의 진보적 체제에 대해 적어도 입에 발린 말은 했다. 좀더 일반적으로 말하면 보편적 인권, 전시 규정, 법치주의의 언어를 구사했다. 1960년, 소련 공산당 제1서기 니키타 흐루쇼프가 유엔 총회 단상에 올라 구두로 연단을 두드렸다. 필리핀 대표가 소련이 점령한 동유럽이 "정치적·시민적 권리를 박탈"당하고 "소련에 흡수"되었다고 말했기 때문이다.[14] 흐루쇼프는 이 주장을 반박하는 것이 중요하다고 판단했다. 금세기 초까지만 해도 대다수 독재 정권이 자신들의 진정한 의도를 교묘하고 세심하게 조정된 민주적 행위 뒤에 숨기곤 했다.[15]

오늘날 주식회사 독재정치의 구성원들은 자신이나 자국이 비판받더라도 신경쓰지 않는다. 누가 비판하는지에도 관심이 없다. 미얀마와 짐바브웨의 정치 지도자들처럼, 일부 독재자는 자신의 부를 축적하고 권좌에 남아 있으려는 욕망을 넘어서는 어떠한 일에도 신경쓰지 않기 때문에 이런 비판에 당혹해하지 않는다. 이란 지도자들은 확신에 차서 서방 이교도의 시각을 경멸한다. 쿠바와 베네수엘라 지도자는 외국의 비난을 자신들을 무너뜨리기 위해 조직된, 거대한 제국주의적 음모의 증거로 내세운다. 중국과 러시아의 지도자들은 지난 10여 년 동안 국제 제도에서 오랫동안 사용된 인권 언어 자체를 문제 삼았다. 그들은 전 세계의 많은 이들에게 전쟁 및 대량 학살 관련 조약과 규약, 그리고 '시민의 자유'와 '법의 지배'는 서방의 사상이므로 자신들에게는 적용되지 않는다는 것을 보여주었다.

국제적 비난을 개의치 않는 오늘날의 독재자들은 공공연하게 잔학 행위를 저지르고도 전혀 부끄러워하지 않는다. 미얀마의 군부 지도자들은 양곤의 거리에서 십대 청소년을 비롯해 시위자 수백 명을 학살한 사실을 감추려 하지 않았다. 짐바브웨 정권은 웃음거리가 된 부정 선거에서 야당 후보들을 대놓고 탄압했다. 중국 정권은 홍콩의 대중적 민주화 운동을 파괴한 일, 신장 자치구에서 벌인 '반反극단주의' 운동—수천 명의 무슬림 위구르인을 대량 체포하고 집단 수용소에 수감한 것—을 자랑했다. 이란 정권은 이란 여성에게 퍼부은 폭력적 탄압을 감추려 하지 않았다.[16]

극단적인 경우, 이러한 경멸은 국제 민주화 활동가 스르자 포포비치가 베네수엘라 지도자의 이름을 따서 만든 용어인 '마두로 모델' 통치 방식으로 발전할 수도 있다. 포포비치에 따르면, 이 노선을 채택한 독재자들은 "자국이 실패한 국가 범주에 들어가는 것"을 전혀 개의치 않는다.[17] 이들은 권력을 계속 유지하기 위해 경제 붕괴, 고질적인 폭력, 대규모 빈곤, 국제적 고립까지도 기꺼이 감수

한다. 마두로와 마찬가지로, 시리아의 바샤르 알아사드와 벨라루스의 루카셴코는 붕괴한 경제와 사회를 통치하는 데 아무런 불편을 느끼지 않는다. 이 정권들의 핵심 목표는 번영을 구가하거나 시민들의 복지를 향상하는 것이 아니기에 민주 국가의 국민들은 그들의 행태를 이해하기 어렵다. 권력을 유지하려는 핵심 목표를 위해 그들은 기꺼이 이웃 국가들의 안정을 해치고, 평범한 사람들의 삶을 파괴하고, 전임자들의 전철을 밟아 수십만 자국 시민을 죽음으로 내모는 짓까지 서슴지 않는다.

20세기의 독재 세계는 지금처럼 단결하지 않았다. 공산주의자와 파시스트가 서로 전쟁을 벌였고, 때때로 공산주의자들은 다른 공산주의자들과 싸웠다.[18] 하지만 그들은 소련의 창설자 블라디미르 레닌이 경멸조로 "부르주아 민주주의"라고 부른 정치 체제에 대해서는 공통의 관점을 가지고 있었다. 레닌은 이 체제에 대해 "통제되고, 분리되고, 거짓되고, 위선적, 부자들에게는 낙원이고 착취당하는 사람들과 가난한 사람들에게는 덫이자 속임수"라고 설파했다.[19] 그는 또 "순수한 민주주의"는 "노동자를 바보로 만들고 싶어하는 자유주의자들의 거짓말"이라고 말했다. 원래 아주 작은 정파의 지도자였던 레닌이 자유선거 사상을 멸시한 것은 놀라운 일이 아니다. "부르주아의 굴레 속에서 치러지는 선거에서 프롤레타리아가 먼저 승리해야 한다는 주장은 악당들과 얼간이들만이 할 법한 생각이다. … 그런 발상은 어리석음의 극치다."[20]

레닌 정권에 격렬히 대항한 파시즘 창시자들은 민주적 저항자들도 멸시했다. '파시즘'과 '전체주의'라는 용어를 탄생시킨 이탈리아 지도자 무솔리니는 자유주의 사회는 나약하고 타락한 사회라며 조롱했다.[21] 1932년에 그는 "자유주의 국가는 멸망할 운명"이라고 예언했다. "오늘날 모든 정치 실험은 반자유주의적"이라고 폄하하기도 했다. 무솔리니는 '민주주의'의 정의마저 바꾸어놓았다. 그는 이탈리아와 독일의 독재정이 "오늘날 세계에 존재하는 가장 위대하고 건전한 민주주의"라고 주장했다. 히틀러의 자유주의 비판도 동일한 양상을 띠었다. 그는 《나의 투쟁》에서 의회 민주주의가 "인류의 가장 심각한 부패 징후 중 하나"라고 썼다. 또 인종적으로 순수한 조직이 수행한다면, "개인의 자유가 더 높은 문화 수준의 징표가 아니라 개인 자유를 제한하는 것이 그 징표다"라고 선언했다.[22]

나중에 중화인민공화국의 독재자가 되는 마오쩌둥도 이미 1929년에 자신이 "극단적 민주주의"라고 부르는 것에 대해 경고했다. "이 사상은 프롤레타리아의 투쟁 과업과 도저히 양립할 수 없다"라는 것이 그 이유였다.[23] 이 선언은 추후에 그의 어록인 《소홍서小紅書》에 다시 등장한다. 현대 미얀마 정권의 창설 문서인 〈사회주의로 가는 버마의 길〉이라는 1962년 문서에는 선거로 구성된 의회에 대해 다음과 같은 장황한 비난이 담겨 있다. "버마의 의회 민주주의는 사회주의 발전에 기여하는 데 실패했다. 그뿐만 아니라 그 비일관성, 결점, 약점과 허점, 남용, 성숙한 여론의 부재 탓에 사회주의의 목표를 잃고 이탈했다."[24]

현대 급진주의 이슬람의 지적 창시자 중 한 사람인 사이드 쿠틉은 보편적 혁명에 대한 공산주의의 믿음, 폭력의 해방적 힘에 대한 파시스트의 신념을 모두 차용했다. 그는 히틀러·스탈린과 마찬가지로 자유주의 사상과 현대의 상업이 이상적인 문명인 이슬람 문명의 창조를 위협한다고 주장했다. 그는 민주주의와 개인의 권리에 대한 반대를 중심으로 자신의 이념을 구축하면서 파괴와 죽음에 대한 숭배를 창안했다. 이란 학자이자 인권 운동가인 라단 보로우만드와 로야 보로우만드는 쿠틉이 "이념적 자의식을 지닌 전위적 소수"가 이상적인 사회를 건설하기 위한 폭력적 혁명을 주도해 "자유 민주주의의 '이기적 개인'은 사라지고 '인간에 의한 인간 착취'도 철폐되는, 계급 없는 사회"를 이룩하는 것을 상상했다고 썼다. 라단과 로야는 쿠틉이 "오로지 신만이 샤리아(이슬람법) 집행을 통해 그 사회를 지배할 것"이라고 믿는다며, 이러한 생각은 "이슬람 옷을 입은 레닌주의"라고 표현했다.[25]

오늘날의 독재자들은 20세기 독재자들과 여러모로 다르다. 구세대 지도자와 사상가의 상속자, 후계자, 모방자 들은 다양한 이념을 표방하지만, 공통의 적은 하나다. 그 적은 바로 우리다.

더 정확히 말하면, 그 적은 민주주의 세계, '서방', NATO(북대서양 조약기구), 유럽 연합, 독재 국가 내부에 존재하는 민주적 저항자들, 그리고 이 모두에게 영감을 불어넣는 자유주의 사상이다. 여기에는 법은 정치적 변덕에 좌우되지 않는 중립적 힘이라는 개념도 포함된다. 또 법원과 판사는 독립적이어야 하고, 정치적 반대는 정당하며, 언론과 집회의 자유가 보장되어야 하고, 집권당과 지도자를 비판하는 애국적인 독립 언론인·작가·사상가가 존재할 수 있어야 한다는 개념도 포함된다.

독재자들은 이러한 원칙들을 혐오한다. 자신들의 권력을 위협하기 때문이다. 독립적인 판사와 배심원은 통치자에게 책임을 물을 수 있다. 언론의 자유가 진정으로 존재한다면, 언론인들은 고위층의 절도와 부패를 드러낼 수 있다. 만약 정치 체제가 정부에 영향력을 행사할 권한을 시민에게 부여한다면, 시민들은 끝내 정권을 교체할 수 있다.

이른바 '현실주의자'들과 수많은 국제 관계 전략가들이 여전히 믿는 것과 달리, 이제 독재자들이 민주주의 세계를 향해 드러내는 적대감은 전통적인 지정학적 경쟁의 형태가 아니다. 그들의 반대는 '책임의식', '투명성', '민주주의' 같은 단어로 표현되는 민주적 정치 체제의 본질 자체를 향한다. 그들은 민주주의 세계에서, 그리고 반체제 인사에게서 이런 말들을 듣기에 이 두 가지 요소 모두 파괴하려 든다. 그들의 수사를 살펴보면 그런 특성이 분명히 드러난다. 시진핑이 권좌에 앉은 2013년, 마치 암호처럼 '9호 문서'라는 별칭으로 불리거나 좀더 공식적으로 〈이념 영역의 현 상황에 대한 성명〉으로 알려진 중국 내부 문서는 중국 공산당이 당면한 "일곱 가지 위험"을 나열한다. 서구식 입헌 민주주의를 필두로 "보편적 가치", 언론의 독립성, 시민 참여, 공산당에 대한 "허무주의적" 비판이 차례로 열거된다. 국내 반체제 인사들과 연계된, "중국에 적대적인 서방 세력이 이념 영역에 지속적으로 침투하고" 있다는 것이 악명 높은 이 문서의 결론이다. 이 문서는 당 지도자들에게 이러한 사상을 반격하고, 공공 영역, 특히 인터넷에서 발견하는 대로 통제하라고 지시한다.[26]

러시아 역시 적어도 2004년부터 같은 종류의 위협에 초점을 맞췄다. 그해에 우크라이나인들은 대통령 선거 결과를 조작하려는 어설픈 시도에 맞서 '오렌지 혁명'(이 명칭은 시위자들이 입은 티셔츠 색과 그들이 치켜든 오렌지색 깃발에서 연유했다)으로 대중 봉기를 일으켜 격렬하게 반기를 들었다. 블라디미르 푸틴이 직접적으로 지원하던 빅토르 야누코비치가 승리하도록 세심하게 계획되고 실행된 책략에 우크라이나 대중이 거세게 저항하자 러시아 위정자들은 몹시 불안해했다. 특히 그 전해에 조지아에서 그와 유사한 저항 운동으로 친유럽 성향의 정치인 미헤일 사카슈빌리가 정권을 잡았던 터라 불안이 가중되었다. 이 두 사건으로 충격을 받은 푸틴은 '색깔 혁명'이라는 허상을 러시아 선전선동의 전면에 내세웠다. 그리하여 러시아 시민들의 저항 운동은 '색깔 혁명'과 외부인들의 공작으로 묘사되었다. 인기 높은 지도자들은 외국의 꼭두각시로 폄하되었다. 반부패·반민주 구호는 혼란과 불안정을 연상하게 했다. 2011년에 러시아에서 선거 조작에 항의하는 대중 시위가 일어나자 푸틴은 엄청나게 반감을 드러내며 오렌지 혁명을 다시 거론했다. 이를 두고 "사회를 불안하게 만드는 철저하게 준비된 책략"으로 규정하며, 러시아의 반정부 세력이 "이러한 관행을 러시아 땅에 이식하려 한다"라고 비난했다.[27] 그는 자신을 권좌에서 끌어내리려는 유사한 대중 봉기가 러시아에서 일어날까 두려워했다.

푸틴은 상황을 잘못 판단했다. '이식'하려는 '책략' 같은 것은 일절 없었다. 중국에서와 마찬가지로, 러시아 대중이 불만을 표출할 방법이 가두시위 말고는 없었다. 푸틴 반대자들에게는 그를 권좌에서 물러나게 할 법적 수단이 없었다. 러시아의 정권 비판자들은 불의를 경험했기 때문에 민주주의와 인권을 거론하는 것인데, 이런 경험이 러시아에만 국한된 것은 아니다. 필리핀, 타이완, 남아프리카공화국, 한국, 미얀마, 멕시코에서 민주주의로의 이행을 이끈 시위, 1989년 중유럽과 동유럽을 휩쓴 '시민 혁명', 2011년 '아랍의 봄', 2019~2020년 홍콩의 시위는 국가의 불의를 경험한 시민들이 시작한 것이었다.

이것이 바로 문제의 핵심이다. 주식회사 독재정치의 지도자들은 투명성, 책임의식, 정의, 민주주의 같은 언어가 늘 국민에게 호소력을 발휘한다는 사실을 잘 안다. 자신들이 권좌에 계속 남으려면 이러한 사상이 어디에서 발견되든 이를 훼손해야만 한다.

2022년 2월 24일, 러시아는 우크라이나를 상대로 전면전을 시작했다. 이 전쟁은 민주주의 세계라는 느슨한 표현으로 부를 수 있는 세계와 주식회사 독재정치 사이에서 벌어진 첫 전면전이다. 처음으로 도둑정치와 독재의 현대적 결합을 이룬 러시아가 '현상 유지status quo'를 뒤집으려고 공세적으로 나서면서 독재정치 네트워크에서 특별한 역할을 수행하고 있다. 러시아의 우크라이나 침공은 이 같은 의도로 계획되었다. 푸틴은 영토 획득만이 아니라 국제적 행위의 오랜 규칙이 이제는 유효하지 않다는 것을 전 세계에 보여주기를 바랐다.

전쟁 극초반부터 푸틴과 러시아 보안 기관의 엘리트들은 버젓이 인권을 경멸하고 전쟁 규약을 무시했으며, 국제법과 자신들이 체결한 조약마저 과시하듯 경멸했다. 그들은 시장, 경찰관, 공무원, 학교 교장, 언론인, 예술인, 박물관 큐레이터와 같은 공적 종사자들과 시민 지도자들을 체포했다. 점령한 우크라이나 동부와 남부 지역의 대다수 소도시에 민간인을 심문하기 위한 고문실을 설치했다.[28] 또 수천 명의 어린이를 납치해 일부는 가족과 분리시켰고, 고아원에서 어린이들을 데려와 '러시아인' 신분을 새로 부여해 우크라이나로 돌아가지 못하게 막았다.[29] 의도적으로 긴급 구조대원들을 표적으로 삼기까지 했다.[30] 2022년 여름, 푸틴은 러시아가 유엔 헌장과 헬싱키 협약에서 수용한 영토 보존 원칙을 무시하고 러시아 군대가 통제하지 않던 지역을 병합할 것이라고 발표했다. 러시아 점령군은 우크라이나의 곡물을 훔쳐서 수출했고, 우크라이나 공장과 광산을 '국유화'해 푸틴과 가까운 사업가들에게 넘기는 등 국제 재산법까지 무시했다.[31]

이러한 행태는 전쟁이 낳은 부수적 피해나 우발적 부작용이 아니었다. 이는 1945년 이후 국제법에 구축된 사상, 규칙, 조약의 네트워크를 훼손하고, 1989년 이후 형성된 유럽의 질서를 파괴하고, 가장 중요하게는 민주주의 세계의 영향력과 명성을 훼손하려는 고의적 계획의 일환이었다. 전쟁 발발 직후 러시아 외무 장관 세르게이 라브로프는 "이 전쟁은 우크라이나에만 한정된 것이 아니며 세계 질서의 문제"라고 주장했다. "작금의 위기는 현대사에서 운명적이고 획기적인 사안이다. 여기에는 세계 질서가 어떤 모습이어야 하는가를 둘러싼 투쟁이 반영되어 있다."[32]

푸틴은 이런 범죄를 저지르고도 아무 문제 없이 신속하게 승리를 거두리라 예상했다. 오늘날의 우크라이나에 대해 거의 아는 바가 없어서 우크라이나가 자국을 방어하지 못하리라 예상했을 뿐만 아니라 민주 국가들이 자신의 뜻에 굴복하리라 생각했던 것이다. 그는 미국과 유럽 사이의 깊은 정치적 분열—그중 일부는 푸틴이 적극적으로 조장한 것이었다—이 그 지도자들을 무력하게 만들 것이라고 생각했다. 그리고 자신이 오랫동안 구애한 유럽 재계가 러시아에 교역 재개를 요구하리라 기대했다.

2022년의 침공 이후 도쿄, 서울, 오타와, 캔버라는 말할 것도 없고 워싱턴, 런던, 파리, 브뤼셀, 베를린, 바르샤바에서 내려진 결정은 푸틴의 예측이 틀렸음을 처음부터 증명했다. 민주주의 세계는 러시아에 신속하게 가혹한 제재를 가하고, 러시아 국영 자산을 동결하고, 국제 결제 시스템에서 러시아 은행을 배제했다. 50여 개 국가가 참여한 컨소시엄이 우크라이나 정부에 무기와 정보와 자금을 제공했다. 수십 년 동안 중립을 지켜온 스웨덴과 핀란드가 NATO에 가입하기로 결정했다. 독일 총리 올라프 숄츠는 독일이 '전환점 Zeitenwende'에 도달했다고 선언하고, 1945년 이후 최초로 독일 무기를 유럽 전쟁에 제공하는 데 동의했다. 조 바이든 미국 대통령은 바르샤바에서 한 연설에서 이 사건은 미국과 유럽, 대서양 동맹에 대한 시험이라고 말했다.

"우리는 국가의 주권을 수호하기 위해 나설 것입니까?" 바이든은 물었다. "우리는 시민들이 적나라한 침략으로부터 자유롭게 살아갈 권리를 위해 나설 것입니까? 우리는 민주주의를 위해 나설 것입니까?"[33]

"그렇습니다." 큰 박수에 화답하면서 그는 이렇게 말을 맺었다. "우리는 강합니다. 우리는 단결할 것입니다."

푸틴이 민주주의 세계의 단결을 과소평가했다면, 민주 국가들은 도전의 규모를 과소평가했다. 베네수엘라나 벨라루스의 민주화 운동가들과 마찬가지로 민주 국가들도 단지 우크라이나만이 러시아와 싸우는 것이 아니라는 사실을 서서히 깨달았다. 그들이 맞서 싸운 것은 주식회사 독재정치였다.

시진핑은 첫 폭탄이 키이우에 떨어지기 3주 전인 2월 4일, 푸틴과 공동 성명을 발표해 러시아의 불법 침공이 시작되기 전에 그런 행위를 지지하는 듯한 신호를 보냈다. 미국과 유럽의 분노를 예상한 두 지도자는 러시아의 결정에 대한 비판, 특히 "민주주의와 인권을 보호한다는 명분으로 주권 국가의 내정에 간섭하는" 것과 같은 비판은 전면 무시하겠다는 의사를 천명했다.[34] 비록 시진핑이 우크라이나를 파괴하려는 러시아 지도자의 집착에 공감하지 않은 듯하고 중국이 핵무기의 확산을 피하고 싶어하는 듯이 보이긴 했지만, 전쟁이 계속되는 동안 중국은 러시아를 직접적으로 비판하지 않았다. 그러면서 러시아의 석유와 가스를 저가에 수입하고 자국의 국방 기술을 러시아에 판매하는 식으로 새로운 상황에서 이익을 취했다.[35]

중국만 그랬던 것은 아니다. 전쟁이 진행되면서 이란은 인명 살상용 드론 수천 대를 러시아에 수출했다.[36] 북한은 탄약과 미사일을 공급했다.[37] 에리트레아, 짐바브웨, 말리, 중앙아프리카공화국과 같은 아프리카의 러시아 의존국과 우방국은 유엔을 비롯한 여러 자리에서 러시아를 지지했다. 벨라루스는 전쟁 초기부터 러시아군이 도로와 철도, 군사 기지를 비롯해 자국 영토를 사용하도록 허용했다.[38] 독재 국가와 거래 관계를 맺은 비자유주의 국가들인 튀르키예, 조지아, 키르기스스탄, 카자흐스탄은 러시아 방위 산업계가 제재를 피하고 기계 설비와 전자 제품을 수입하도록 도움을 주었다.[39] 인도는 가격 하락을 이용해 러시아산 석유를 사들였다.

2023년 봄이 되자 러시아 관리들은 더 큰 야심을 드러냈다. 그들은 달러를 대신하고 전 세계에서 미국의 경제적 영향력을 축소하기 위해 블록체인 기술을 기반으로 하는 유라시아 디지털 화폐 창설을 논의하기 시작했다. 또한 중국과의 관계를 강화해 인공지능AI과 사물인터넷IoT 연구를 공유하는 계획을 세웠다. 이 모든 활동의 궁극적 목표가 무엇인지는 의심의 여지가 없었다. 누출된 문서에는 라브로프가 한 말을 반영해 이 논의가 간략하게 서술되어

있다. 러시아가 "새로운 세계 질서 창설"을 목표로 삼아야 한다는 것이었다.[40]

이 목표는 널리 공유되었다. 서로가 서로를 모방하는 기술과 전술, 공통의 경제적 이익, 무엇보다도 권력을 포기하지 않겠다는 결의로 뭉친 독재자들은 자신들이 승기를 잡고 있다고 믿는다. 이런 믿음이 어디에서 연유하고, 왜 지속되는지, 민주주의 세계가 애초에 어떻게 그 믿음을 공고하게 했는지, 그리고 우리가 어떻게 해야 그것을 물리칠 수 있는지가 이 책의 주제다.

1장

얽히고설킨 탐욕

1967년 여름, 오스트리아와 서독의 가스·철강 투자자들은 과거 합스부르크 왕가에서 소유했던 빈 인근의 조용한 사냥 별장에서 소련 공산주의자들을 만났다.[1] 아마도 모임 분위기는 어색했을 것이다. 소련군 병력이 오스트리아를 떠난 것이 불과 12년 전이었고, 서독 병사들은 여전히 베를린의 요새화된 국경에서 동독 병사들을 내려다보는 상황이었다. 소련의 공격이 임박했다는 두려움은 사라졌지만, 이는 유럽에 대규모 미군이 주둔한 덕분이었다.

　회의실에 모인 사람들에게는 공통의 관심사가 있었다. 얼마 전 소련 기술자들이 서부 시베리아에서 거대한 가스전을 발견한 것이다. 가스는 새로운 기술이 개발된 덕분에 한층 청정하고 값싸고 운송하기 쉬운 에너지원으로 떠올랐다. 공산주의가 지배하는 동쪽에서 자본주의 세계인 서쪽으로 가스관이 연결된다면, 양측 모두 큰 이득을 볼 것이 자명했다. 그 자리에 모인 사람들은 대화를 진행한 뒤 다시 만나기로 합의했다. 양측은 여러 도시를 돌며 대화를 이어갔고, 가스 가격에서 가스관 건설에 필요한 차관에 이르기까지 여러 가지 사안을 논의했다. 1970년 2월, 서독과 소련 관리들은 소련에서 서유럽으로 연결되는 첫 가스관을 건설하기로 한 합의문에 서명했다.[2]

이 거래가 성사되기 전 서유럽·미국과 소련 사이의 경제 교류는 최소한에 그쳤다. 성상화·목재·곡물 교역, 그리고 몇 가지 수상한 광물 채굴 거래가 전부였다. 양측 모두 오스트리아의 사냥 별장에서 진행된 회담 이후 가스 거래는 과거와는 다른 양상을 보일 것임을 알았다. 가스관은 건설 비용이 많이 들지만 영구적이었다. 어느 날 설치했다가 이튿날 철거할 수 있는 것이 아니었다. 특정한 지도자의 변덕으로 좌우될 수 있는 것도 아니었다. 장기 가스 공급 계약이 체결되어야 했으며, 이 계약은 예측 가능한 정치 관계에서 이행되어야 했다.

당시 서독 외무 장관이었던 빌리 브란트가 보기에 이처럼 예측 가능한 관계는 이 프로젝트가 지닌 장점 가운데 하나였다. 그는 서독이 소련에 의존하게 될 것을 우려하지 않았다. 오히려 반대로, 기대를 걸고 협상가들에게 거래 규모를 더 키우라고 촉구했다. 그의 생각엔 정치적 고려가 컸다. 상호 의존적 경제 관계가 미래의 군사 충돌을 떠올리지 못하게 할 것이라고 믿은 것이다.[3] 나중에 총리에 오른 브란트는 '동방 정책Ostpolitik'을 제2차 세계대전 이후 독일 외교 정책에서 하나의 중심축으로 삼았다. 그뒤 몇 년에 걸쳐 이 가스관은 모스크바와 본, 나중에는 베를린, 로마, 암스테르담, 헬싱키를 비롯해 유럽 도시 수십 군데를 물리적으로 연결했다. 또한 소련이 해체되고 독일이 통일된 1991년 이후에도 여전히 독일 외교 정책의 중심이었다.

그 과정에서 독일의 '동방 정책'은 민주 국가가 독재 국가와 어떻게 교역할 수 있는지를, 그리고 어떻게 독재 국가를 서서히, 미묘하게 변화시킬 수 있는지를 설명하는 이론이 되었다. 오랜 기간 브란트의 자문관이었던 에곤 바르는 1963년에 행한 유명한 연설에서 이 개념을 '화해를 통한 변화Wandel durch Annäherung'라고 설명했다.[4] 그는 서방이 대결을 중심에 두는 정책을 완화하고, 동독 정권과 교류하면서 무역을 금지하는 대신 교역을 제안한다면, "국경을 완화하는 것"이 가능하다고 주장했다. 그는 동독에 대한 무역 금지와 제재를 요구하지 않았으며, 동독에 많은 정치범이 수감되어 있다는 사실을 알면서도 이를 거의 언급하지 않았다. 그전에 서독은 동독 감옥에 수감된 반체제 인사를 석방하는 조건으로 자금을 빈번히 지출했다.[5] 1989년까지 서독은 이 기묘한 인간 거래에 30억 마르크가 넘는 금액을 지불했다. 티머시 가턴 애시는 바르가 수감자나 인권에 대해 명확히 언급하지 않고 이 주제를 피해 가려고 "감정적 부정확성emotive imprecision"을 구사했다고 지적했다.[6]

가스관 거래에 대해 모든 사람이 이러한 확신을 품지는 않았다. 리처드 닉슨 미국 대통령은 소련이 교역을 하고 브란트나 바르와의 대화에 응한 진정한 목적은 "독일을 NATO에서 떼어내기 위함"이라고 변함없이 생각했다.[7] 무역보다 인권을 우선시한 지미 카터 미국 대통령은 '동방 정책'을 몹시 싫어해서, 1978년에 소련이 반체제 인사인 알렉산드르 긴즈부르크와 나탄 샤란스키를 투옥하자 미국 가스관 기술 중 일부를 독일에 판매하는 것을 금지하는 조치를 취했다. 당시 서독 총리였던 헬무트 슈미트는 카터가 러시아에 대해 아무것도 모르는 "이상주의적 설교자"라고 비판했다.[8] 레이건 행정부는 여기서 한 걸음 더 나아가, 1981년에 폴란드에 계엄령이 선포되자 일부 가스관 장비에 금수 조치를 내리고, 미국 기업의 가스관 설치 작업을 막고, 이 프로젝트에 참여한 외국 기업의 미국 내 사업 활동을 금지하는 등 당시로서는 급진적 조치를 취했다.

닉슨, 카터, 레이건이 이 같은 조치를 취한 것은 악의가 있거나 순수한 상업적 이기심을 채우기 위해서가 아니라 독재 국가와의 무역이 초래할 정치적 결과에 의문을 품었기 때문이다. 독일이 가장 중요한 계약자이기는 했지만, 가스 거래로 많은 국가에 혜택이 돌아갔기에 잠재적으로 유럽 대륙 전체가 소련의 선의에 의존하는 결과를 초래했다. 가스관이 협박 수단으로 사용될 수 있는가? 레이건 정부의 캐스퍼 와인버거 국방 장관은 "서방에 대한 소련의 경제적 지렛대"를 제어할 필요가 있다고 누누이 강조했다.[9]

이 대화의 기저에는 좀더 심오한 도덕적·정치적 질문이 놓여 있었다. 동방과 서방의 교역은 소련이라는 나라와 그 '제국'을 부유하게 만들고 그들의 힘을 더 강화하지 않을까? 볼셰비키 혁명 때부터 크렘린의 외교 정책 목표에는 유럽 민주주의의 전복이 명시적으로 표현되어 있었다. 1970~1980년대에 소련은 서독과 이탈리아의 테러리스트 집단을 지원했을 뿐만 아니라 유럽 대륙과 세계 여러 곳의 극단주의 운동을 지원했으며, 동독을 비롯한 동유럽의 정치적 저항 세력을 탄압했다. 그런데 가스가 서쪽으로 공급되고 경화硬貨가 동쪽으로 흘러 들어감으로써 NATO가 대적해야 하는 소련군에, 그리고 서방 보안 기관과 경쟁하는 KGB(구소련 국가보안위원회)에 도움이 되는 자금이 모스크바에 공급된다면, 이것이 정말로 유익한 일인가? 그 숨겨진 대가는 무엇인가? 미국과 유럽 정책에 내재한 이 같은 딜레마는 소련이 존속하는 동안 해소되지 못했고, 소련이 해체된 이후에도 여전히 해결되지 않았다.

많은 사람들이 새로운 평화 배당금을 즐기고 텔레비전 쇼에 대해 이야기하면서 여가를 보내려 한 1990년대에는 이 숨겨진 대가가 거의 거론되지 않았다. 이 시기는 1989년에《내셔널 인터레스트》에 실린 프랜시스 후쿠야마의 〈역사의 종말?The End of History?〉이 널리 오독되던 때였다. 이 글은 '모든 것이 가능하고 최상인 세상에서 모두가 최선을 다한다'라는 식의 순진하고 좋은 격려의 말로 널리 오역되었다. **자유 민주주의는 승리했고, 조만간 모든 사람이 자유 민주주의를 원할 것이니, 민주주의를 촉진하기 위해 애써 공을 들일 필요는 없으며, 인내심을 가지면 무역과 세계화의 유익한 효과가 그 마법을 발휘할 것이다.** 후쿠야마의 실제 주장은 이보다 훨씬 미묘했지만, 단순화한 해석이 인기를 끈 것은 그것이 진실이기를 사람들이 원했기 때문이다.

이는 전혀 놀라운 일이 아니었다. 자유 민주주의는 예정된 것이고 심지어 필연적이라는 주장은 깊은 호소력을 발휘했다. 이 주장에 따르자면 민주 국가의 국민들은 이미 이상적인 세계에서 살아가는 셈이니 자신들이 쌓은 공덕을 느낄 만했다. 당시 중국과 포스트 소비에트 세계에 투자를 확대하던 사업가들과 은행가들도 덩달아 기분이 좋아졌다. 독재 국가에 투자하는 것에 내재된 오랜 도덕적 딜레마가 사라져 자신들의 행동을 정당화하기 위해 특별한 조치를 취하지 않아도 되었기 때문이다.

'화해를 통한 변화'라는 바르의 해묵은 문구가 '무역을 통한 변화Wandel durch Handel'로 바뀐 것도 이 무렵이다. 듣기 좋은 운율을 지닌 이 독일어 문구는 현실을 반영한 듯했다. 제2차 세계대전 이후 서유럽 민주 국가 사이의 무역은 점차 통합이 강화되는 공동 시장의 형태로 바뀌면서 평화와 번영을 가져왔다. 1990년 이후 많은 이들이, 무역이 유럽 대륙의 동부를 풍요롭게 해주고 정치적으로나 문화적으로나 서부와 더 가까워지게 해주기를 희망했다. '무역을 통한 변화'라는 생각이 인기를 얻은 것은 어느 정도는 상업 세계에 적합해서이기도 했지만, 일반인들의 실제 경험을 서술했기 때문이기도 했다.

어떤 이들은 무역의 효과를 너무 깊이 확신한 나머지 유럽 통합에 기여한 강경한 정책을 금세 망각했다. 베를린 장벽 붕괴 25주년을 기념하는 2014년, 나는 앙겔라 메르켈 독일 총리가 주최한 공식 기념행사에 참석했다. 미하일 고르바초프도 그 자리에 참석했고, 승리의 증표로 레흐 바웬사*도 왔다. 그러나 소련의 종식과 '소련 제국'의 해체를 직접 협상한 조지 H. W. 부시 미국 대통령은 행사에서 거의 언급되지 않았다. 수십 년 동안 소련의 공격을 막는 데 도움을 주었을 뿐만 아니라 그 당시에도 독일에 주둔 중이던 미군 역시 언급되지 않았다. 폭력, 군인, 군대, 그리고 무엇보다도 핵무기는 그날의 대화에서 제외되었다.

독일 사람들은 무역과 외교가 독일의 통일을 가져왔다고 믿었다. 또한 무역과 외교가 궁극적으로 러시아와 유럽의 관계를 정상

• 1980년대 공산권 폴란드의 노동 운동을 이끈 지도자. 베를린 장벽이 무너지고 공산 진영이 무너져가던 1990년, 민주적인 방식으로 시행된 선거에서 폴란드 대통령으로 선출되었다.

화하는 데 도움을 주리라 믿었다. 이와 동시에 유사한 이유로, 많은 미국인과 유럽인이 무역이 중국을 민주주의 세계에 통합시키면서 태평양 지역에도 화합을 가져오리라 믿었다. 그런 희망을 품을 만한 근거도 있었다. 중국에서는 자유주의 개혁을 원하는 세력을 비롯해 여러 세력이 권력을 잡기 위해 경쟁하고 있었다. 줄리언 거워츠는 최근 저술에서, 그 시기의 중국 경제학자들은 서구 경제학자들과 놀라울 정도로 폭넓은 접촉을 유지하며 시장과 무역에 대한 분석, 경제 성장과 정치 문화 사이의 연관성을 이해했다고 주장했다. 많은 중국인이 보기에 당시 중국은 민주 국가까지는 아니더라도 좀더 자유로운 국가에 충분히 도달할 수 있을 것 같았다.[10]

그럼에도 지금 되돌아보면 다양한 정치 성향을 지닌 서구의 분석가들과 정치 지도자들 대다수가 가능한 온갖 시나리오 중에 가장 낙관적인 시나리오를 얼마나 빨리 받아들였는지 놀라울 따름이다. 덩샤오핑의 개혁이 시작된 지 불과 몇 년 후인 1984년 초 레이건 미국 대통령은 중국을 방문해, 밝고 낙관적이고 의기양양하게 연설을 하면서 "양측 모두 무역과 상업, 문화 관계에서 확대된 기회를 통해 얻을 것이 많습니다"라고 선언했다. 레이건은 더 큰 변화의 조짐을 보았다며 이렇게 덧붙였다. "자유 시장 정신을 처음으로 주입한 것만으로도 벌써 중국 경제에 활기를 불어넣었습니다. 또한 중국이 인류 행복에 기여하고 더 공정한 사회로 나아가는 길을 열었다고 믿습니다."[11]

그로부터 10여 년이 지난 후, 다른 세대에 속하고 또다른 정치적 설득력을 지닌 빌 클린턴 미국 대통령은 이렇게 주장했다. "상호 의존의 증대는 중국에 자유화 효과를 가져올 것입니다. … 컴퓨터와 인터넷, 팩스와 복사기, 모뎀과 위성은 중국 국경 너머에 있는 사람, 사상, 세계에 대한 노출을 증대할 것입니다."[12] 2000년, 중국의 WTO(세계무역기구) 가입을 허용해야 한다고 주장할 때 클린턴은 이 점을 더 강조했다. 존스홉킨스 국제대학원에서의 연설에서 그는 다음과 같이 말했다. "나는 경제적 권리와 인권, 경제 안보와 국가 안보 사이에서 양자택일하는 것은 잘못된 일이라고 생각합니다."[13] 녹취록에는 청중의 반응도 기록되어 있다.

중국이 인터넷을 단속하려고 했다는 것은 이제 의심의 여지가 없습니다. (웃음) 행운을 빕니다! (큰 웃음) 그건 마치 못으로 젤리를 벽에 박으려는 것과 같죠. (큰 웃음)

지금 되돌아보면 클린턴의 낙관주의는 대단했다. "지식 경제에서 경제 혁신과 정치적 권한 위임은 좋든 싫든 필연적으로 함께 갈 수밖에 없다"라고 그는 주장했다. 이러한 낙관론 역시 널리 공유되었다. 클린턴과 비슷한 시기에 집권한 게르하르트 슈뢰더 독일 총리는 2008년 〈우리에게 베이징이 필요한 이유〉라는 기고문에서 "중국이 이제 막 헌법적인 진전을 시작했고, 언젠가는 민주주의 사회로 나아가리라 확신하게 하는" 조짐이 있다고 추켜세우며, 독일이 "법치, 자유주의, 나아가 발전의 종착지에 민주주의가 자리잡도록 중국을 신뢰하고 공정한 대화를 추진해야 한다"라고 촉구했다.[14]

물론 회의론자들도 있었다. 정치인과 노동조합으로 구성된 광범위한 연합체는 서구 노동자들에게 미칠 영향을 우려해 중국의 WTO 가입을 막으려 했다. 또다른 사람들은 단순히 중국이 약속을 이행할 수 있을지 의구심을 품었다. 홍콩의 마지막 영국 총독이었던 크리스 패튼은 영국은 중국이 좀더 부유해지면 자동으로 민주 국가가 될 것이라는 '망상'에 빠져 있다고 경고했다.[15] 그러나 1990년대에 중국과 러시아를 다룬 모든 논의에서, 그리고 국경 개방이 서구 시장에 미칠 수 있는 **경제적** 영향을 다룬 모든 논쟁에서 이런 방침이 서구 민주주의에 어떠한 **정치적** 영향을 미칠지에 대해서 말한 사람은 거의 없었다.

좀더 개방되고 상호 연결된 세상에서는 민주주의와 자유주의 사상이 독재 국가로 확산될 것이라고 모두들 예상했다. 오히려 독재정치와 비자유주의가 민주주의 세계로 확산될 것이라고 상상한 사람은 아무도 없었다.

독재정치는 정치 체제이자 사회를 구성하는 방식이고 권력을 조직화하는 수단이다. 이것은 유전적 특성이 아니다. 특정한 문화, 언어, 종교가 반드시 독재를 낳는 것은 아니다. 민주주의가 보장된 국가가 존재하지 않는 것처럼, 어떤 국가도 영원히 독재정치 아래 놓이도록 저주받지는 않는다. 정치 체제는 변하게 마련이다. 글라스노스트로 알려진 공개적 대화와 토론이 폭발적으로 증가하던 1980년 대 후반에 많은 러시아인은 러시아에 변화가 오리라 믿었다.

정도에 차이는 있었겠지만, 그 시대의 많은 러시아인은 러시아가 역사적·긍정적 변화, 어쩌면 자유 민주주의로의 변화를 목전에 두었다고 믿었다. "그간 짓밟히고 적출된 여러 민주주의 사상과 자유주의 사상이 다시 힘을 얻기 시작했다"라고 소련 정부 기관지 《이즈베스티야》는 선언했다.[16] 물리학자이자 반체제 인사였던 안드레이 사하로프는 소비에트 사회가 새로운 도덕적 토대 위에서 "재탄생할 것"이라고 말했다. 그는 "타락한 거짓말과 침묵과 위선"을 영원히 추방할 수 있으리라 믿었다. 이는 엘리트들만의 견해가 아니었다. 1989년에 소련 전역에서 실시된 여론조사에 따르면 독재를 열렬히 갈망하는 낌새는 발견되지 않았다. 반대로 조사에 응한 시민의 열에 아홉이 "자신의 생각을 자유롭게 표현하는 것"이 중요하다고 답했다.[17] 그리고 그들은 그 신념에 따라 행동했다. 1980년대 말 소련 주민들은 모든 것을 논쟁의 대상으로 삼았다. 나는 당시 공원에서 작은 무리를 이루어 토론하고 논쟁하는 사람들을 보았던 것을 기억한다. 모두가 뭔가 중대한 일이 일어나고 있다고 느꼈고, 일부는 그것이 좋은 일이라고 믿었다.

소련이 해체된 1991년, 러시아에서도 '무역을 통한 변화'라는 발상이 주목을 받았다. 개혁가들은 외부 세계와의 심층적이고 신속한 교류가 낡고 퇴보적인 중앙 계획 체제를 해체하고 새로운 정치 질서와 경제 질서를 세우는 데 도움이 되리라 믿었다. '충격 요법' 정책을 추진한 러시아 경제학자 예고르 가이다르는 이렇게 말했다. "나는 우리가 성공할 것이라고 절대적으로 확신했다. 다른 방법은 없다고 절대적으로 확신했고, 지체하는 것은 국가의 자살행위나 다름없다고 절대적으로 확신했다."[18] 그러나 또다른 사람들은 다른 계획을 품고 있었다.

그런 사람 중에 블라디미르 푸틴도 있었다. 1992년 2월에 제작된 한 단편 다큐멘터리를 보면 당시 상트페테르부르크 부시장이던 푸틴이 중소기업을 옹호하는 주장을 펼친다. 그는 "기업가 계급은 우리 사회 전체의 번영을 위한 기반이 되어야 합니다"라고 말했다. 그는 진정으로 확신한 듯이 서구 파트너들에게 러시아 산업에 투자하라고 촉구했다. 수십 년 후 이 다큐멘터리를 만든 이고르 샤드한은 기자 캐서린 벨턴에게, 당시 푸틴이 "나를 정말로 사로잡았다"라고 말했다. 샤드한은 푸틴이 "국가를 앞으로 나아가게 할 사

람, 정말로 뭔가 해낼 사람"으로 보였다고 회고했다.[19]

대통령으로 지명된 푸틴은 실제로 러시아를 새로운 방향으로 이끌었다. 자유주의 경제학자들과 마찬가지로 그는 소비에트 경제 체제를 개혁하고 러시아가 부강한 나라가 되기를 바랐다. 그러나 '소련 제국'에 대한 향수를 간직한 그는 소련의 붕괴가 "지정학적 재앙"이라고 주장했으며, 새로운 도덕적 토대 위에서 소련 사회를 재건할 마음이 전혀 없었다. 푸틴의 정치 프로젝트를 상세히 다룬 초기 저술 중 하나를 쓴 캐런 다위샤는 1990년대의 러시아를 "역사, 우연히 등장한 독재자, 대중의 관성, 관료의 무능, 혹은 서구의 잘못된 조언에 의해 무너진 민주주의 체제"로 잘못 묘사하는 사람이 많다고 지적했다. 다위샤는 그 10년 동안 일어난 일의 실제는 매우 달랐다며 이렇게 말했다. "푸틴과 그 주변 인물들은 처음부터 긴밀하게 결속된 정치 파벌에 의해 통치되는 권위주의 정권을 세우고자 했다. … 민주주의는 방향이 아닌 장식에 불과했다."[20]

2010년대 중반에 모습을 드러낸 러시아는 더는 초강대국이 아니었다. 그러나 당시 많은 이들이 생각한 것보다 더 크게 영향력을 행사하며 다른 현대 독재 정권들에 모델이 되고 영감을 불어넣었다. 푸틴의 러시아는 고립되고 자급자족적인 구식 전체주의 국가가 아니었다. 전적으로 외국의 원조에 의존하는 궁핍한 독재 국가도 아니었다. 뭔가 새로운 것, 다시 말해 지도자들의 부를 축적하기 위해 건설되고 관리되는 마피아 국가, 한마디로 독재적 도둑정치 국가의 전형이었다.

이 프로젝트는 대다수 사람들이 생각한 것보다 훨씬 더 이른 시기에 시작되었다. 이 구상이 처음 선을 보인 곳은 아마 1980년대에 푸틴이 정보원으로서 주둔하고 있었고, KGB와 슈타지(구동독 국가보안부SSD) 팀이 이미 스파이 네트워크, 안전 가옥, 비밀은행 계좌를 구축해둔 KGB의 드레스덴 지부였을 것이다.[21] 이런 일을 벌인 사람들이 그들만은 아니었다. 러시아의 '자본주의'는 처음부터 돈을 해외로 반출해 은닉하는 방법을 아는 사람들에게 유리하게 설계되었다. 러시아에서는 한 번도 "공평한 경쟁의 장場"이 형성된 적이 없었으며, 경쟁 시장의 힘이 발휘된 적도 없었다. 매력적인 신제품을 제조해 부자가 된 사람도 전혀 없었다. 성공한 사람들은 국가가 제공하거나 스스로 훔친 특혜 덕분에 부를 축적한 이들이었다. 이런 체제의 진정한 수혜자는 정치적 인맥에 따라 재산이 좌우되는 올리가르히oligarch(과두제 집권층의 일원)였다.

샤드한이 장차 러시아의 대통령이 되는 푸틴을 인터뷰한 1992년, 푸틴은 이미 상트페테르부르크에서 돈을 훔쳐내기 위해 고안된 계획의 실행자이자 주요 수혜자였다. 그가 당시에 벌인 사취는 이미 조사되었고 여러 번 언급되었다. 러시아 내부에서는 상트페테르부르크 시의회에서, 러시아 외부에서는 다위샤, 벨턴, 마샤 게센 등 여러 사람이 그 일에 대해 썼다. 그 무렵 푸틴의 계략은 비교적 단순했다. 당시 부시장이었던 그는 디젤 연료, 시멘트, 비료 같은 원자재의 수출 허가장을 발부했다. 러시아에서 낮은 국정 가격으로 구매된 이 물품들은 식량을 매입하기 위해 해외에 높은 가격에 판매될 예정이었다. 이 품목들의 수출은 실제로 이루어졌지만, 수출 대금은 사라졌다.[22] 푸틴의 친구들과 동료들이 소유한 모호한 회사들의 은행 계좌로 흘러 들어간 것이다.

더 복잡한 계략이 곧바로 이어졌다. 여기에는 러시아의 부동산, 스페인의 유령 회사, 러시아-핀란드 합작 회사, 독일의 페이퍼 컴퍼니, 여러 국가의 은행 계좌가 연결되었으며, 아마도 수년 전에 개설된 은행 계좌도 사용되었을 것이다. 상트페테르부르크 식량 사기와 마찬가지로 이 같은 투자 및 사기 행태에 대한 이야기는 이미 널리 알려졌다. 그러나 그것은 일반적으로 러시아 행위자와 러시아 피해자에 중점을 두는 방식이었다. 여기서 나는 푸틴의 비화에서 자주 언급되지 않는 한 측면에 주목하고자 한다. 그의 사취를 가능하게 하고, 그로부터 이익을 얻거나 계략을 은폐한 합법적인 서방 기관, 기업, 변호사, 정치인의 역할이 바로 그것이다. 푸틴이 수출한 물품을 사들인 서방 기업, 엉터리 계약에 신경쓰지 않은 서방 규제 당국, 은행 계좌로 유입되는 새로운 현금 흐름에 이상할 정도로 무관심했던 서방 은행 덕분에 푸틴은 돈을 벌었다.

푸틴과 러시아, 독일, 리히텐슈타인의 동료 및 파트너 그룹이 프랑크푸르트에 상트페테르부르크 부동산 지주 회사를 등록한 1992년부터 시작된 잘 알려진 또다른 계략도 마찬가지다. 이 회사는 1998년에 프랑크푸르트 증권 거래소에 상장되었는데, 푸틴이 자문위원회 위원으로 등재되었다. 1999년, 독일 연방 정보국은 이 회사가 러시아의 자금과 국제 마약 자금을 세탁한다는 내용의 보고서를 발표했다. 푸틴이 러시아 대통령으로 취임한 직후인 2000년, 리히텐슈타인의 경찰은 푸틴의 최초의 파트너 중 한 사람인 루돌프 리터를 체포했다. 당시 수사는 지지부진해 보였다. 2003년이 되어서야 경찰은 마침내 재독 상트페테르부르크 부동산 지주 회사와 연관된 사무실과 은행 스물일곱 군데를 압수 수색했다. 그러나 푸틴은 이 혐의와 관련해 기소된 적이 없다.[23]

이 이야기에서는 시작부터 끝까지 서방의 협력이 필수 요소였다. 자금 세탁 작전에는 리히텐슈타인 경제 장관의 동생, 독일과 리히텐슈타인의 또다른 파트너들과 그들의 변호사 및 회계사, 프랑크푸르트 증권 거래소 관계자, 심지어 무역이 중국에 정치적 변화를 가져오리라 확신했던 독일 총리 슈뢰더까지 참여했다. 슈뢰더는 (나중에 부인했지만) 평화와 번영, '무역을 통한 변화'를 명목으로 푸틴에게 조사 정보를 계속해서 제공한 것으로 알려졌다.[24]

결국 푸틴주의 러시아로 귀결된 정치 체제는, 한편으로는 오랜 기간 테러리스트와 잠복 요원에게 자금을 지원하는 동안 자금 세탁에 전문성을 얻게 된 KGB의 활동, 그리고 다른 한편으로는 똑같이 냉소적이고 비도덕적인 국제 금융이라는 두 세계가 창출한 결과물이었다. 서방 정치 지도자들이 러시아에서 '민주주의'와 '법치'를 강조할 때도, 서방 기업과 금융 기관은 러시아뿐만 아니라 전 세계에서 독재정치와 무법을 구축하는 데 도움을 주었다. 영국이 홍콩을 중국에 반환하기 전, 일부 영국인과 외국 기업인은 새 정권과 좋은 관계를 구축하기를 희망했기에 식민지의 민주적 개혁에 별로 관심을 두지 않았다. 크리스 패튼은 일부 영국 공무원도 같은 생각이었다고 회고했다.

대통령이 된 푸틴은, 자국 내에서는 자유주의 가치를 설파하면서 다른 곳에서는 비자유주의 정권의 수립을 기꺼이 돕는 서구 민주주의의 이중적 잣대를 휜히 꿰고 있었다. 그는 대통령 재임 첫 10년 동안 결국 독재 정권이 되는 정체를 형성하면서도 민주주의라는 구호를 내걸며 그와 똑같이 행동했다. 2000년의 대국민 연설에서 푸틴은 이렇게 선언했다. "민주 국가만이 민간 주도권과 국가적 목표를 결합해 사익과 공익의 균형을 보장할 수 있습니다."[25] 2002년에는 민주 국가는 "법치주의, 자유선거, 인권 우선주의"를 실행해야 한다고 주장했다.[26]

그러나 러시아가 비록 적어도 외국 투자자를 속일 수 있을 정도로는 민주 국가인 것처럼 **보이도록** 설계되었을지언정 러시아 선거에서 우연히 출마한 후보는 없었으므로 우연한 승리는 없었다. 선택처럼 보이는 외형은 현 체제에 도전하지 않으면서 정권에 의해 통제되는 반대 세력을 통해 세심하게 보존되었다. 한편 진정한 크렘린 저항자들은 시위 현장에서 구타당하고, 투옥되고, 탄압당하고, 모욕당했다. 2013년, 알렉세이 나발니는 선거의 정당성이라는 허울을 위해 모스크바 시장 선거에 출마하도록 허용됐는데, 그만 가장 강력한 푸틴 비판자가 되어 너무 많은 지지를 끌어모았다. 그러다 결국 선거 운동을 하는 도중에 부패 혐의로 유죄 판결을 받고 곧장 가택 연금에 처해졌다.

러시아 자본주의도 크게 다르지 않았다. 은행은 은행 같아 보였지만 실은 은행이 아니었고, 돈세탁을 벌이는 경우가 많았다. 회사도 마찬가지로 회사 같아 보였지만, 부유층이 국가로부터 자산을 빼돌리기 위한 수단, 말하자면 페이퍼 컴퍼니인 경우가 흔했다. 실제 기업인 경우에도 시장은 제한적으로 작동했고, 크렘린이 어떤 기업을 파괴하기로 결정하면 그렇게 할 수 있었으며, 실제로 그러기도 했다. 2004년, 석유 회사 유코스의 회장이자 당시 러시아 최고 부호였던 미하일 호도르콥스키가 체포되어 징역형을 선고받았다. 그뒤로 호도르콥스키는 10년 동안 노동 수용소에서 지냈다. 유코스는 파산 처리된 후 경매에서 모스크바 북서쪽 트베르에 있는 어느 휴대폰 가게와 주소를 공유한, 정체 미상의 입찰자에게 매각되었다. 며칠 후, 이 수상쩍은 회사는 유코스를 러시아 정부가 대주주인 석유 회사 로스네프트에 매각했다. 로스네프트의 회장은 푸틴 대통령실의 부행정실장으로 일했던 인물인 이고르 세친이었다.

때가 되어 로스네프트가 런던 증권 거래소에 상장되자 금융계에서 아주 유명한 회사들이 투자하기 시작했다. 로스네프트는 800억 달러에 이르는 자산 가치 중 거의 4분의 3이 도난당한 자산으로 구축되었기 때문에 ABN AMRO 로스차일드, 드레스너 클라인워트 바서슈타인, J.P.모건, 모건스탠리, 그리고 로스네프트의 변호인인 링크레이터스와 에른스트앤드영(로스네프트 회계 담당)은 상황을 아주 명확하게 설명해야 했다. 그래서 투자 설명서에 이런 문장이 들어갔다. "범죄와 부패가 러시아에서 사업 환경을 어렵게 만들 수 있습니다." 투자 설명서는 회사 소유주가 누구인지 궁금해하는 사람들을 위해 "다른 주주들의 이해관계와 일치하지 않을 수 있고, … 주주 가치를 극대화하지 않는 사업 관행에 관여할 수 있는" 정부 관리들이 회사를 계속 통제할 것이라고 명시했다. 이 회사들은 매각을 통해 1억 달러가 넘는 수익을 올렸다고 알려졌다.

이 같은 경고에도 불구하고 런던 투자자들은 주식을 사들였다. 매각 후 얼마 지나지 않은 2006년 7월, 세계에서 가장 부유한 7개 민주 국가(기존의 G7)와 러시아로 구성된 G8이 상트페테르부르크

외곽의 화려하게 개조된 차르 궁전에 모였다.[27] 이 행사는 푸틴이 주관했다. 정상 회담 기간에 열린 기자 회견에서 그는 자신이 수행하는 모든 일은 "러시아연방의 민주화와 시장 경제 확립 과정을 비가역적으로 만들려는 것이고, 러시아 국민이 스스로 자유롭게 선택할 수 있는 여건을 마련하는 데 목적이 있다"라고 선언했다.[28]

물론 푸틴은 그것이 진실이 아님을 잘 알았다. 아마 청중석에 있던 기자들도 사실이 아님을 알았을 것이고, 정상 회담에 참석한 대다수 대통령과 총리도 마찬가지였을 것이다. 하지만 반론을 제기하는 사람은 거의 없었다. 민주주의 세계의 많은 사람이 이 허구를 받아들임으로써 이익을 얻었기 때문이다.

2010년, 나중에 도널드 트럼프에게 두 번이나 표를 던진, 러스트 벨트 지역에 속한 오하이오주 워런의 철강 공장에 문제가 발생했다. 냉각 패널에서 물이 새기 시작했으나 용광로 작업자가 누수를 제때 발견하지 못했고, 물이 용강鎔鋼에 닿아 폭발하면서 작업자들이 화상을 입고 병원으로 이송되었다. 1년 후 또다른 폭발로 다시 피해가 발생했다. 규제 당국의 조사 결과, 이 공장에서 안전위반 사항이 수십 건 적발되었다. 한 직원은 이렇게 증언했다. "회사는 계속해서 규정을 위반했다. 최소한의 인원으로 작업하고 더는 인력을 충원하지 않았다." 몇 년 후 이 공장은 가동을 중단했다.

2016년 1월에는 완전히 문을 닫아, 약 200명이 일자리를 잃었다.

2021년에 《미국의 도둑정치American Kleptocracy》를 쓴 케이시 미셸은 워런스틸 공장을 이렇게 묘사했다.

공장 건물 측면에 동굴 같은 구멍이 뚫려 있었고, 노란색과 파란색 페인트가 벗겨져 녹과 진흙 덩어리로 뒤덮였다. 창문은 깨져서 뚫려 있고, 찌그러진 캐비닛과 사무실 집기(약탈자가 버렸는지 과거에 직원들이 버렸는지는 확실하지 않다)가 공터 여기저기에 흩어져 있다. 이 공장은 마치 디스토피아적 미래에나 나올 법한 모습이거나, 옛 소련의 한 지역에서 나온 것 같은 모습이다.[29]

이 공장은 실제로 "옛 소련의 한 지역에서 나온 것"이었으니 미셸은 적절한 표현을 한 셈이었다. 워런스틸이 사라질 당시 이 공장은 이호르 콜로모이스키가 소유했다. 그는 소련이 붕괴한 뒤 다른 많은 국가와 마찬가지로 우크라이나가 러시아의 독재와 도둑정치를 따르던 시절에 부를 쌓은 우크라이나의 올리가르히였다. 미국 법무부에 따르면, 콜로모이스키는 우크라이나 은행인 프리바트반크의 사기와 관련된 자금 세탁의 일환으로 수억 달러의 가치를 지닌 미국 중서부의 부동산과 함께 이 공장을 매입했다.[30] 그는 불법으로 획득한 현금의 출처를 숨기기 위해(그리고 합법적 대출을 위한 담

보로 사용하기 위해) 현금을 '실물' 자산으로 바꿔야 했을 것이다. 또한 미국 러스트 벨트의 마을과 공장은 현금이 절실하니 돈의 출처를 따지지 않으리라 생각했을 것이다.

그의 생각은 옳았던 듯하다. 수십 년 동안 미국 부동산 중개업자들은 은행가나 다른 사업가처럼 고객의 자금 출처를 조사할 필요가 없었다. 많은 유럽 국가와 마찬가지로 미국에서도 오랫동안 유령 회사를 통해 익명으로 부동산을 매입하는 것이 가능했다.[31] 트럼프의 건물이나 트럼프 브랜드의 건물에 속하는 콘도 다섯 채 중 한 채는 소유자가 익명으로 되어 있다.[32] 이 정체불명의 집주인들 전부가 돈세탁을 하는 것은 아닐 수도 있지만, 만약 돈세탁을 하더라도 우리는 결코 그 사실을 파악할 수 없다. 다만 러시아 마피아와 연루된 것으로 입증되었거나 추정되는 최소한 열세 명이 트럼프의 콘도를 소유했거나 그곳에서 사업을 했다고 알려졌다. 그런데 트럼프가 미국 대통령직을 수행하는 동안에도 소유주가 정체불명인 회사들이 트럼프 소유 건물의 부동산을 매입했는데, 이것이 일종의 선거 기부금이었는지는 결코 알아낼 수 없다.

2006년부터 2016년까지 10년에 걸쳐 콜로모이스키가 부동산을 매입하는 동안 그와 연관된 회사들은 제철소 여섯 곳, 사무용 건물 네 채, 클리블랜드의 호텔과 콘퍼런스 센터, 댈러스의 오피스 파크, 시카고 인근에 있는 낡은 모토롤라 공장 등을 인수했다. 그러나 이들 부동산에 거주하거나 근무하는 사람 가운데 콜로모이스키가 누구인지 알거나, 매입 자금의 원 출처가 프리바트반크라는 사실을 아는 사람은 거의 없었을 것이다. 왜냐하면 구입 자금이 도이체방크 미국 지사의 도움을 받아 키프로스, 영국령 버진아일랜드, 델라웨어의 유령 회사를 통해 미국 중서부로 흘러 들어갔으며, 러시아, 카자흐스탄, 아제르바이잔, 중국, 앙골라, 베네수엘라의 자금이 도둑정치 독재 정권에서 흘러나와 북아메리카와 유럽의 시장 및 금융 기관으로 유입되는 경로와 동일한 방식으로 이루어졌기 때문이다. 자신의 무죄를 주장하는 콜로모이스키(그는 우크라이나와 유럽 법원에서 프리바트반크의 국유화 저지 소송도 벌이는 중이다[33])는 클리블랜드에서 잘 알려진 인물이 아니다.

사실 그의 계략은 미국의 수사로 어그러진 것은 아니다. 2014년에 친러시아 성향인 빅토르 야누코비치 우크라이나 대통령을 해외로 도주하게 만든 거리 시위인 유로마이단 혁명 때문에 그렇게 되었다. 키이우 중심부 광장에 모인 우크라이나 시위대는 민주주의를 요구하는 동시에 국가를 집어삼킨 거대한 부정부패의 종식을 요구했다. 뒤를 이은 두 우크라이나 대통령, 페트로 포로셴코와 볼로디미르 젤렌스키는 프리바트반크에 대한 수사를 통해 우크라이나를 다른 길로 이끌고자 노력했다. 그러나 이들의 노력이 많은 관심과 정당한 비판을 받는 동안, 콜로모이스키의 미국 사업을 도운 미국인들을 눈여겨보는 사람은 없었다.

미국인들은 러시아와 우크라이나, 또는 소련 붕괴 이후의 부패를 비난할 때, 그러한 부패를 가능하게 한 동료 시민들의 과거나 현재의 역할에는 관심을 기울이지 않았다. 마이애미의 하임 스코체트는 콜로모이스키를 대신해 클리블랜드의 부동산을 매입하기 시작했을 때 23세였다. 마이애미의 또다른 사업가인 모르데하이 코르프는 콜로모이스키의 자금으로 매입한, 미국 내 산업용 부동산을 보유한 옵티마 스페셜티 스틸의 회장이 되었다. 코르프와 스코체트는 미국 변호사 마크 카소위츠에게서 도움을 받았다. 카소위츠는 트럼프가 러시아와의 연관성 문제로 수사받을 때를 비롯해 여러 차례 트럼프의 변호를 맡은 바 있다. 그는 코르프와 스코체트가 콜로모이스키의 불법 행위에 대해 전혀 알지 못했다고 주장했다.

이들의 사기 혐의를 밝히는 데에는 오랜 시간이 걸렸다. 그들의 투자 방식은 부동산을 잘 관리하고 수익을 내기 위해 부동산을 구입하는 사람으로서는 이해하기 힘든 점이 많았다. 정체불명의 고객에게 트럼프가 매각했던 건들처럼 그들의 계략은 통상적인 경제 법칙과 너무나 명백하게 달랐고, 불가사의할 정도로 이질적인 국제 도둑정치라는 신비한 세계에서만 이해가 되는 것이었다. 관찰자들은 이를 설명하기 위해 특별한 이름을 고안했다. 영국 기자 올리버 벌로는 이 세계를 '머니랜드Moneyland'라고 이름 붙이며

2019년에 저서 제목으로도 썼다.《파이낸셜 타임스》의 탐사 보도 기자 톰 버지스는 이를 '클렙토피아Kleptopia'라고 부르며, 역시 2020년에 출간한 책의 제목으로 삼았다. 이들을 비롯해 여러 인물이, 독재 국가와 국제 금융계가 공동으로 만든 이 별도의 영역이 매우 광범위하고 자금이 어마어마하다는 점을 반복해서 지적했다. 저지섬이나 케이맨 제도와 같은 역외 조세 피난처에 기반을 둔 익명 소유의 유령 회사와 펀드는 전 세계 GDP의 10퍼센트에 달하는 자금을 숨겼다. 이는 마약 밀매를 통해 벌어들인 돈이거나, 세무 당국의 눈을 피한 자금이기도 하고, 콜로모이스키의 경우는 우크라이나의 보통 사람들에게서 훔친 것으로 추정되는 돈이다. 이 세계에서는 도둑질에 보상이 따른다. 세금은 청구되지 않는다. 법 집행 기관은 무력할뿐더러 재원도 부족하다. 규제는 피하면 된다.

전 세계 민주 국가의 시민들 대다수는 이 또다른 세계에 대해 그저 막연한 인상만 갖고 있고, 먼 나라나 이국적인 열대 섬에나 존재한다고 상상한다. 그런 생각은 틀렸다. 2021년 10월, 전 세계 신문사들이 조직한 비영리 단체인 국제탐사보도언론인협회ICIJ는 조세 피난처의 운영 방식과 그곳에 돈을 숨겨둔 사람들의 정보를 상세히 기록한 대규모 문서인 〈판도라 문서〉에서 발췌한 내용을 공개했다. 무엇보다 이 기록은 비밀 금융 거래가 카리브해뿐만 아니라 미국과 영국을 통해 얼마나 많이 이루어지는지를 명확하게 보여주었다. 부유한 나이지리아인들은 3억 5000만 파운드[약 6300억 원]에 상당한 영국 부동산을 몰래 소유하고 있다. 요르단 국왕은 유령 회사를 이용해 런던과 애스콧에서 합법적으로 주택을 구입했다. 이 문서는 또한 델라웨어, 네바다, 사우스다코타, 와이오밍 등 평범한 미국인으로 가득한 미국의 여러 주에서 익명의 투자자들이 돈을 은닉하는 데 사용할 금융 상품이 어떻게 개발되었는지를 처음으로 공개했다.

그들은 종종 어느 전문가도 찾지 못할 것 같은 지극히 평범한 장소를 매입하는 방식으로 돈을 숨긴다. 2016년에 나는 동네 술집과 중세 교회, 푸른 잔디밭, 시골 영지가 있는 영국의 작은 마을인 햄프셔주 브램리에 친구들을 만나러 갔다. 보레페어 파크라고 불리는 이 부지는 최근 전前 모스크바 시장 유리 루시코프의 아내 옐레나 바투리나가 매입한 곳이었다. 러시아 유일의 여성 억만장자가 영국의 전원 생활을 경험하기로 했다는 사실에 흥미를 느낀 나는 영국 토지 등기부에서 이 집을 찾아보았다. 구입 가격은 550만 파운드[약 100억 원]였지만 러시아인 이름은 찾을 수 없었다. 소유주는 스카이미스트 홀딩스로, 거액의 집 수리 비용을 지불했으나 정체가 모호한 회사였다. 루시코프가 술집에서 목격되었다는 사실을 우연히 알지 못했다면, 그리고 내가 《워싱턴 포스트》에 이 건물 매입 관련 기사를 썼을 때 그의 변호사가 내게 협박 편지를 보내지 않았다면, 스카이미스트 홀딩스가 실제로 누구의 정체를 숨기는지 확인할 수 없었을지도 모르겠다.

영국의 작은 마을이나 미국의 쓰러져가는 공장 지대 주민들은 새로운 고객, 새로운 이웃, 새로운 집주인이 억압과 정치적 폭력을 행사하는 국가와의 연관성 때문에 자신들의 지역 사회로 돈을 옮기려 한다는 점을 쉽게 이해하기 어렵다. 오늘날의 독재자들은 권력을 유지하기 위해 투명성, 책임의식, 공개 토론을 장려하는 정치 제도에 구애받지 않고 돈을 마련하고 숨길 수 있어야 한다. 그 돈은 결국 억압 수단을 강화하는 데 보탬이 된다. 푸틴이 우크라이나의 민주주의 운동을 그토록 증오하고 2014년 우크라이나 혁명에 격분한 이유는, 비슷한 운동 세력이 러시아에서 정권을 잡는다면 자신이 가장 먼저 감옥에 가리라 생각하기 때문이다.

도둑정치와 독재정치는 서로를 강화하는 동시에 다른 제도들을 약화한다. 서식스나 햄프셔에서 세세하게 따지지 않는 부동산 중개인, 워런에서 실패한 사업을 정리하려는 공장주, 의심스러운 고객으로부터 기꺼이 수수께끼의 예금을 받는 수폴스의 은행가 역시 자국과 전 세계의 법치를 약화하는 데 일조한다. 금융의 세계화, 수많은 은신처, 민주 국가들이 해외 이권에 보여준 관용은 이제 독재자들에게 20여 년 전에는 상상할 수 없었던 기회를 제공하고 있다.

2장

전이되는 도둑정치

1998년, 우고 차베스는 변화를 내세운 격렬한 선거 운동 끝에 베네수엘라 대통령에 당선되었다. 그는 헌법뿐만 아니라 국가 명칭까지 바꾸고 싶어했다.* 40년 전에 수립된 베네수엘라는 남아메리카에서 가장 부유한 국가이자 매우 강력한 민주 국가 중 하나였다. 그러나 다른 여러 산유국과 마찬가지로 베네수엘라에는 족벌주의와 부패가 만연했으며, 그 방식은 익숙하고 구태의연했다. 정치인들은 때때로 뇌물을 받았고, 그 대가로 거래를 제공했다. 1990년대에 유가가 하락하자, 이 같은 관행이 시민들에게 폭넓은 분노를 불러일으켰다. 베네수엘라 육군 중령 차베스는 이런 상황을 알아보고 1992년에 쿠데타를 일으켰다가 실패했다. 하지만 나중에 출소한 뒤 부패한 베네수엘라공화국에 대항해 선거에 출마했고 승리를 거머줬었다. 그는 좀더 정직한 베네수엘라볼리바르공화국을 건설하

• 19세기의 전설적인 베네수엘라 독립 운동 지도자 시몬 볼리바르를 계승하겠다는 의미로 기존 국가명 '베네수엘라공화국(República de Venezuela)'을 '베네수엘라볼리바르공화국(República Bolivariana de Venezuela)'으로 바꾸었다.

겠다고 약속했다.

1년 후 여전히 개혁의 주체로 인식되던 차베스는 경찰청장 헤수스 우르다네타와 회동했다. 두 사람은 젊은 시절 육군 사관생도로 만난 사이였고, 1992년 쿠데타를 함께 모의했다가 실패하자 함께 투옥되었기에 우르다네타는 차베스 진영의 일원으로 여겨졌다.

우르다네타가 차베스를 만난 이유는 혁명적이라고 주장하는 새 정부도 부패 관행에 빠지기 시작했다는 증거를 확보했기 때문이었다. 그는 정부 고위 관리들이 정부 계약의 청구서들을 부풀린다고 말했다. 몇 년 후 우르다네타가 한 증언에 따르면, 그는 차베스에게 그런 행위의 중단을 촉구했으며, 차베스가 이를 거부하면 부패가 더 확산될 것이라고 경고했다.

우르다네타가 말을 마쳤을 때 차베스는 아무 말도 하지 않았다. 그러더니 몇 주 후, 갑자기 우르다네타에게 사임을 요구했다. 베네수엘라 대법원은 부패 조사를 중단시켰다.[1] 우르다네타가 예측했던 대로 집권 엘리트들은 분명히 이런 메시지를 받았다. **당신이 충성한다면 도둑질도 가능하다.**

푸틴과 마찬가지로 차베스도 무언가를 선택했다. 누구도 그에게 베네수엘라를 도둑정치 국가로 만들라고 강요하지 않았으며, 그가 그렇게 했을 때 그의 정보 담당자조차 놀랄 정도였다. 베네수엘라의 문화와 역사, 혹은 선례의 무게 때문에 어쩔 수 없이 도둑정치 관행을 받아들인 것도 아니었다. 차베스가 우르다네타의 편에서서 공공 부문 전반에 걸쳐 공정성에 대한 기대감을 충족했다면, 그의 인기는 더 높아졌을지도 모른다. 그랬다면 그가 바라던 대로 그 정권은 국민의 삶을 실제로 개선할 수 있는 더 좋은 기회를 얻었을지도 모른다. 그러나 그는 푸틴과 마찬가지로 국가의 번영이 아닌 영구 집권을 위해 다른 정치적 계산을 했다. 그는 부패한 공무원이 깨끗한 공무원보다 다루기가 더 쉬우리라 생각했는데, 그의 예상은 적중했다.

그후 몇 년 동안 차베스의 측근들은 책임의식과 투명성을 제거하려는 대통령의 온갖 조치를 지지했다. 그렇게 하는 것이 차베스가 권력을 유지하는 데 도움이 되었을 뿐만 아니라 감시로부터 자신들을 보호할 수 있기 때문이었다. 푸틴과 마찬가지로 차베스는 민주주의에 대한 신념을 표방하면서도 베네수엘라의 언론, 법원, 행정 조직, 각종 권력 감시 장치 등 민주주의 제도를 서서히 무너뜨렸다. 그의 지지자들도 이에 동조했다. 시간이 지나면서 국가가 마치 숙주에게서 자원을 빼앗는 기생충 같은 범죄 조직처럼 행동하기 시작했다. 공범인 공무원들은 아무 말도 하지 않는 '오메르타 omertà'〔침묵과 복종을 의미하는 마피아의 용어〕를 택했다. 모두가 법을 위반했기에 누구도 지적하려 들지 않았다.

여기에 가담한 공무원들이 얻은 횡재는 대단했다. 차베스가 집권한 14년 동안 베네수엘라는 석유 수출로 약 8000억 달러의 수입을 올렸다.[2] 이 수입에서 많은 액수가 실제로 국가 복지 프로그램에 투자되어 차베스를 진보적 영웅으로 추앙하는 외국인들의 기세를 올려주었다. 그러나 국영 석유 회사인 PDVSA와 기타 베네수엘라 국영 기업에서 수천억 달러가 전 세계의 여러 은행 계좌로 흘러 들어갔다. 2017년, 수사관들은 PDVSA의 관리들이 포르투갈 은행인 방쿠 에스피리투 산투에 수백만 달러를 은닉한 사실을 알아냈다.[3] 2021년에 수행된 조사에서는 스위스 은행이 베네수엘라 국립 은행, 전력 회사, 기타 기관에서 일하는 공무원들 소유의 100억 달러를 숨겨준다는 사실이 밝혀졌다.[4] 같은 해에 언론인들은 베네수엘라 석유 회사가 안도라공국의 은행을 통해 처리한 20억 달러 규모의 사기를 밝혀냈다.[5] 미처 적발하지 못한 다른 사기도 조세 피난처를 통해 이루어진 것으로 추정되었다. 부패를 감시하는 비영리 단체인 '투명성 베네수엘라'는 부정 규모가 10억 달러 이상일 것으로 추정되는 17건을 비롯해, PDVSA와 관련된 대규모 부패 사례를 127건이나 찾아냈다.[6]

석유 산업에서 정권 내부자들의 불법 수입원은 절도만이 아니었다. 더 중요한 것은 과거에는 유사한 규모로 존재하지 않던 부패의 형태로, 복마전 같은 복수의 국가 통화 체제로 생겨난 환율 조작 산업이었다. 처음에는 모든 사람이 이 기회를 이용할 수 있었다. 해외에서 공부하는 베네수엘라 젊은이들은 저렴한 달러로 수당을 신청해 학비로 쓸 수 있었다. 중산층 자녀 수천 명도 이 제도 활용법을 재빨리 익히면서 더블린과 그 주변의 영어 학교가 베네수엘라인들로 북적거렸다. 그곳에서 그들은 기네스 맥주를 마시고, 몇 가지 문구를 배우고, 인위적인 환율로 최대한의 이익을 올렸다.

베네수엘라를 떠나지 않은 채 부도덕한 학교에 돈을 쥐여주어 해외 유학 서류를 조작한 사람들도 있었다. 이런 학생은 암시장에서 달러를 저렴하게 사들인 뒤, 훨씬 높은 가격에 베네수엘라 통화인 볼리바르와 다시 교환해 큰 차익을 얻었다. 기자 프란시스코 토로는 이 같은 대중의 사기 참여를 "도둑정치의 민주화democratization of kleptocracy"라고 불렀다.[7] 더 큰 사기꾼도 있었다. 연줄이 좋은 사람들은 부품, 의료용품, 통신 장비, 화학 물질, 컴퓨터를 수입하기 위해 수천만 달러에서 수억 달러까지 청구하는 방법을 알아냈다. 베네수엘라에서 수입해야 할 물품이 있다면, 누군가 위조 서류를 만들어 은밀하게 비용을 치르고 값싼 통화에 접근했을 것이다.

실제로 이런 방식으로 얼마나 많은 돈을 잃었는지는 아무도 모른다. 2020년, 나는 베네수엘라 정권이 훔친 돈이 정확히 얼마인지 논쟁하는(**2000억 달러? 6000억 달러?**) 사람들로 시끌시끌한 카라카스의 어떤 방 안에 앉아 있었다. 이런 게임은 모스크바에서도 벌어지고 있었다. 차베스 시절 경제재무 장관을 지낸 마르크스주의 경제학자 호르헤 히오르다니는 차베스가 사망한 2013년 이전에 도난당한 금액을 총 3000억 달러로 추정했다.[8] 그 손실은 카라카스의 풍경에서도 확인할 수 있다. 카라카스 인근에는 돈세탁의 부작용 탓에 텅 빈 새 아파트 건물이 곳곳에 들어서 있다. 불법 현금을 보관할 곳이 없는 사람들은 언젠가 부동산 가격이 다시 오를 것을 기대하며 유리와 콘크리트 건물에 돈을 쟁인다. 이처럼 도시 풍경을 변화시킨 영향은 카라카스를 넘어 전 세계로 확산되고 있다. 마이애미 법원은 플로리다를 비롯한 몇몇 지역의 부동산과 기타 자산으로 12억 달러를 세탁한 혐의로 베네수엘라 공무원 일당을 기소했다.[9] 이 사건을 비롯해 여러 건의 수사에 전 세계의 법 집행 기관이 힘을 쏟고 있다.[10]

베네수엘라 정부는 이러한 사기를 여론의 법정에서도 오랫동안 숨겼다. 차베스는 민주주의에 대한 믿음을 전 세계에 확신시키기 위한 푸틴의 시도를 본보기로 삼아 자신의 볼리바르 혁명*이 일반 국민, 특히 가난한 사람들에게 좋은 것이라고 나라 안팎의 사람들을 설득했다. 그는 특히 유럽 좌파의 극단에 있는 유명 인사들과 추종자들을 끌어모았다. 2007년, 동독의 마지막 공산주의자 총리

---

* 차베스가 베네수엘라통합사회당(PSUV)과 후계자인 니콜라스 마두로와 함께 추동한 혁명으로, 차베스와 그의 추종자들은 이 혁명이 볼리바르주의와 민족주의, 국가 통제 경제를 실행하기 위한 라틴아메리카 국가 간 연합을 추구한다고 주장했다.

였던 한스 모드로브는 차베스의 '볼리바르 사회주의'가 자신에게 는 가장 큰 희망이라고 내게 말했다. 그는 동독을 붕괴로 몰고 간 마르크스주의가 마침내 라틴아메리카에 번영을 가져올 것을 상상한다고 말했다. 영국 노동당의 극좌파 지도자 제러미 코빈은 차베스와의 만남을 자랑하며 차베스 정권은 "긴축과 신자유주의 경제에 맞서 싸우는 우리 모두에게 영감을 준다"라고 칭찬했다.[11]

이런 경향을 추종하는 사람들은 반미주의, 신마르크스주의, 차베스의 강력한 포퓰리즘, 선전선동에 의해 형성된 이미지에 매료되었다. 그들 중 일부는 차베스 정권이 저지른 부정부패를 몰랐을 수 있지만, 알았다고 해도 신경쓰지 않았을 것이다. 적어도 베네수엘라 경제 전체가 무너질 때까지는 그 나라의 부패 실상과 그 심각성을 무시했다.

몰락은 석유 산업에서 시작되었다. 첫 타격은 2002~2003년에 파업을 벌인 석유 노동자 1만 9000명을 차베스가 해고하고, 전문가들을 자신에게 충성하는 자들로 대체해 석유 산업을 혼란에 빠뜨리면서 발생했다.[12] 그뒤 원자재 가격이 하락하고 트럼프 행정부가 PDVSA에 제재를 가하자 붕괴의 속도가 빨라졌다. 비슷한 시기에 베네수엘라는 환전 사기 탓에 모든 것에 심각한 품귀 현상이 나타났다. 수십억에서 수백억 달러의 공적 자금이 증발했고, 외화가 개인 해외 계좌로 들어가 사라졌으며, 초인플레이션이 가속화했고, 수입품이 사라졌다.

결국 일부 외화가 다시 나타나기는 했다. 2020년, 카라카스에 갔을 때 나는 달러를 가진 사람만이 치어리어스 과자나 하인즈 케첩을 살 수 있는 외화 상점을 보았다. 반면에 달러가 없는 사람들은 기아와 영양실조에 직면한 상태였다. 가톨릭 자선 단체인 카리타스Caritas는 2019년에 베네수엘라 국민의 78퍼센트가 예전보다 식사량이 줄었고, 41퍼센트는 하루종일 아무것도 먹지 못하는 지경이라고 추정했다. 베네수엘라 의사들은 영양실조를 질병의 원인이나 사망 원인으로 기재하지 말라는 압박을 받았다. 저명한 식량 안보 전문가 수사나 라파이는 어느 병원에서 한 아이가 기아로 사망하자, 주州 정부 공무원이 아이의 시신을 가져가 숨길까 우려한 부모가 자신에게 시신을 넘기려 한 놀라운 경험이 있다고 말했다. 라파이는 어느 시골 지역에 갔을 때 아이들이 점심 식사용으로 새나 이구아나를 사냥하기 위해 한낮에 학교를 떠나는 장면도 목격했다.

부패는 볼리바르 혁명의 사소한 부작용이 아니었다. 민주주의를 대체한 독재 체제의 핵심에 부패가 자리잡고 있었고, 베네수엘라 국민은 이 사실을 잘 알았다. 2013년, 차베스가 사망하고 니콜라스 마두로가 대통령에 취임한 후 몇 달 동안 격렬한 시위가 전국에서 연이어 벌어진 것도 바로 그래서였다. 이 정권은 곧 무너질 것처럼 보였고, 많은 이들이 그렇게 되리라 예상했다. 그런데 바로 그 순간, 주식회사 독재정치가 나서서 도움을 주었다.

불량 국가가 제재 속에서 어떻게 살아남을 수 있을까? 마약 밀매, 불법 채굴, 강탈, 납치, 휘발유 밀수 등 새로운 자금원이 도움이 될 수 있다. 베네수엘라 엘리트층은 각기 다른 시기에 이 모든 방법을 시도했다. 장군, 전직 장관, 보안 기관 관리 들이 코카인 밀수 혐의를 받고 실제로 유죄 판결을 받았다.[13] 현재 콜롬비아와 베네수엘라의 국경에는 불법으로 건설되고 규제를 벗어난 금광이 여러 군데 있다.[14] 내 친구들은 나더러 공항에서 카라카스 중심부까지 가는 길은 여전히 납치 위험성이 크니 대낮에 도착할 수 있도록 하라고 조언했다.

더불어, 주식회사 독재정치 구성원들에게는 다른 방안들도 있다. 다른 제재 대상 국가들 중에는 우방도 있고 무역 파트너도 존재한다. 부패에 개의치 않을뿐더러 기꺼이 부패를 독려하고 스스로 동참하는 기업도 있다. 불안정과 위험에 겁을 먹고 남·북아메리카와 유럽의 기업들이 베네수엘라에서 철수하기 시작했을 때, 러시아 기업들은 국가를 대신해, 혹은 자발적으로 그 자리를 차지하기 위해 뛰어들었다. 로스네프트, 가스프롬, 루크오일, TNK-BP(러시아와 영국의 합작 회사) 등은 베네수엘라의 석유 산업, 농업, 제조업에까지 자금을 투입했다. 보조금을 받은 러시아에서 베네수엘라로 곡물 수출이 증가해 미국과 캐나다에서 수입되던 곡물을 대체했다. 러시아에서 수출되는 휘발유는 베네수엘라에서 팔리는 유일한 휘발유가 되었다. 칼라시니코프 소총 10만 정, 전투기 24대, 헬기 50대를 비롯해 약 40억 달러 상당의 무기와 군 장비도 카라카스로 들어왔다.

국제기구들이 베네수엘라에 신용 공여를 축소하자 중국이 이를 대체하기 위해 나섰다. 당시 중국은 베네수엘라에 경제 개혁이나 또다른 개혁을 요구하지 않고 조건 없이 돈을 빌려주었다. 그 덕분에 차베스와 그의 후계자 마두로는 재정 개혁을 미루고 결과적으로 베네수엘라 경제를 파괴하는 정책을 추진할 수 있었다. 2013~2014년 무렵에야 비로소 중국은 약 300억 달러에 달하는 차관을 돌려받지 못할 수도 있다는 사실을 알아차렸다. 또한 인구수가 희박한 베네수엘라 남부 평원을 가로지르는 놀라울 정도로 비싼, 중국이 지원하는 고속 철도가 완공되지 못할 수도 있다는 사실도 알게 되었다.[15] 베네수엘라 건설업자들이 계약서에 서명하고선 돈을 들고 도주하기 일쑤였기 때문이다.

이런 형태의 부패는 중국 투자자들에게도 새로운 것이어서, 그들은 정책 변경을 요구하기 시작했다. 일부 중국 관리들은 마침내 거버넌스(협치)의 중요성을 깨닫고 베네수엘라 야당과 비밀리에 의

견을 나누기도 했다. 그러나 이러한 우려 속에서도 중국은 감시 기술, 군중 통제 장비, 진압 장비와 함께 물대포, 최루탄, 군중의 회합을 차단할 수 있는 거대한 이동식 가림막 등 야당의 집권을 막는 데 도움이 되는 온갖 도구를 마두로 정권에 판매했다.

중국과 마찬가지로 쿠바가 베네수엘라를 지원한 데에는 경제적 이유뿐만 아니라 이념적 이유도 있었다. 차베스 대통령 집권 초기부터 두 나라는 공통의 반미주의적 목표로 연결되었다. 베네수엘라는 자국에서 생산한 석유를 쿠바에 싼값에 제공했다. 그 대가로 쿠바 정부는 베네수엘라에 군인, 경찰, 보안·정보 전문가(일부는 차베스가 신뢰하지 않는 베네수엘라인을 대체하기 위한 인력이었다)는 기본이고 스포츠 코치, 의사, 간호사까지 제공했다. 쿠바 스파이들은 베네수엘라 정권이 군부 내에 주기적으로 출현하는 반대파(군인 가족 역시 식량 부족과 일반적인 불만으로부터 영향을 받는다)를 진압하는 데 여전히 도움을 주고 있다. 쿠바인들은 식량 부족 사태를 베네수엘라 정권에 유리하게 이용하는 방법도 알려줬다. 지지자들에게는 식량을 분배하고, 저항자들에게는 식량 배급권을 박탈하는 것이다. 쿠바인들은 기아와 영양실조까지도 정치적 도구가 될 수 있음을 일찌감치 배웠다.

한편 베네수엘라와 튀르키예의 따뜻한 관계는 이데올로기가 아니라 레제프 타이이프 에르도안 튀르키예 대통령과 마두로 대통령 사이의 개인적 친분에서 비롯된 것으로 보인다. 이 두 사람은 자국 내 민주주의와 반부패 운동에 대한 혐오, 전 세계 민주 국가들로부터 '무시당한다'는 느낌을 공유하고 있다. 2018년에 카라카스를 방문한 에르도안 대통령은 자신과 마두로 대통령 둘 다 모욕을 당했다고 선언했다. "그들은 우리를 술탄이나 독재자라고 부르곤 합니다. … 우리는 그런 말에 신경쓰지 않습니다."[16] 이로써 두 사람의 우정은 확고해졌다. 베네수엘라는 제재를 피해 튀르키예에 금을 수출하고, 그 대가로 식량을 지원받는다.

베네수엘라의 대외 관계에서 이란과의 긴밀하고 깊은 관계는 무엇보다 중요하다. 두 나라는 역사·지리·이념 할 것 없이 공통점이 거의 없다. 공식 국가명에서도 알 수 있듯이 이란이슬람공화국은 신정 국가이고, 베네수엘라볼리바르공화국은 좌파 국제주의를 표방한다. 이 두 나라를 묶는 것은 석유, 반미주의, 자국의 민주화운동에 대한 적대감, 그리고 제재 회피의 기술을 배워야 한다는 필요 등이다. 대다수 국가가 무역이나 동질감을 바탕으로 서로 관계를 맺는 데 반해 베네수엘라와 이란은 불만, 비밀 석유 판매와 관련된 공통의 이해관계를 바탕으로 관계를 맺고 있다.

2000년 이후 이란은 처음에는 차베스, 그다음에는 마두로에 대한 원조를 체계적으로 늘려나갔다. 이란은 베네수엘라 금을 사들이고, 그 대가로 식량과 휘발유를 보냈다. 이란은 베네수엘라에 반체제 인사를 탄압하는 전술도 조언한 것으로 알려졌고, 베네수엘라의 드론 공장 건설을 도왔으며(성공 여부는 불투명하다), 베네수엘라 정유 공장 수리를 돕기 위해 장비와 인력을 지원했다. 베네수엘라는 이란이 지원하는 테러 단체인 헤즈볼라의 자금 세탁을 도왔을 가능성이 높으며, 헤즈볼라와 이란 관리들에게 여권을 제공한 것으로 추정된다.[17]

이란의 이 같은 노력만 해도 베네수엘라 정권에 큰 도움이 되었겠지만, 이란뿐만 아니라 러시아, 중국, 쿠바, 튀르키예도 베네수엘라 정권이 지탱할 수 있도록 힘을 보탰다. 나아가 베네수엘라가 다른 곳의 독재자들을 지원하도록 허용했다. 2022년 10월, 베네수엘라 석유 산업에 대한 미국의 제재를 회피하고 전자 제품과 기타 다른 기술의 러시아 수출 금지를 회피하려는 정교한 음모에 가담한 혐의로 러시아 석유 사업가 다섯 명과 스페인 석유 사업가 두 명이 미국에서 기소되었다. 이 무역업자 일곱 명은 복잡한 유령 회사—민주주의 세계 곳곳에서 소유권을 은폐하는 데 사용되는 것과 같은 종류의 회사—를 이용해 베네수엘라산 석유를 중국의 구매자들에게 보내고 그 출처를 숨기기로 공모했다. 미국 법무부의 기소에 따르면, 이 수익금은 러시아 방위 산업체에 조달할 첨단 기술 부품을 미국 기업으로부터 구매하는 데 사용되었고, 러시아 방위 산업체는 이를 우크라이나 국민을 살상한 무기를 만드는 데 이용했다.[18]

이 모략은 적발되었다. 하지만 밝혀지지 않은 계략이 얼마나 많겠는가? 다른 대륙의 다른 독재 국가에서 다른 언어를 쓰는 다른 사람들이 거의 동일한 방식으로 그러한 계략을 성공적으로 수행하고 있다는 사실을 우리는 알고 있다. 아프리카 짐바브웨의 경우처럼 말이다.

우버트 에인절은 복음주의 목사이자 영국계 짐바브웨 사업가로 '번영의 복음'을 전파하고 있다. 치유, 예언, 재정 조언 등이 그의 능력이다. 그의 웹사이트에는 흰색 디너 재킷과 검은색 보타이를 착용한 그의 모습이 보인다. 이 사이트는 그의 다양한 프로젝트로 연결되는데, 백만장자 아카데미("백만장자가 되기 위한 기본적인 사항을 가르치는 곳")와 예언자 피정(참가자들은 일정한 비용을 내면 "하느님의 선지자, 기독교의 선지자, 이 마지막 시혜자인 우버트 에인절과 직접 대면하는 시간"을 경험할 수 있다) 등이 있다. 사람들은 왜 이 프로그램에 등록할까? 그가 "전 세계 대통령들이 가르침을 받기 위해 초빙하고, 전 세계 백만장자들과 억만장자들이 삶의 궤도를 바꿀 문장을 듣기 위해 만나려고 서로 경쟁하는" 사람이기 때문이다.[19] 그는 화산 폭발, 비행기 사고, 심지어 맨체스터 유나이티드 축구팀의 승리까지 예측하며, 미러클TV, 굿뉴스TV, 와우TV라는 세 군데 유튜브 채널에서 이런 예언을 방송하고 있다. 또한《하느님의 음성 듣는 법》,

《가난이라는 악마 물리치는 법》,《신이 내게 알려준 돈에 관한 가장 위대한 비밀》등 10여 권의 책을 출간했다. 그는 마술사처럼 사람들의 주머니나 은행 계좌에서 금, 다이아몬드, 현금 등의 '기적의 돈'을 찾아내기도 한다.

2023년 3월, 우버트 에인절이 알자지라 방송의 4부작 다큐멘터리 〈골드 마피아Gold Mafia〉에 우연히 출연하면서 그의 또다른 면모가 드러났다.[20] 이 다큐멘터리는 짐바브웨 여당과 에머슨 음낭가과 짐바브웨 대통령이 밀접하게 연관된 일련의 금 밀수 계략을 보여주었다. 한 조직은 구식 인간 배달 방식을 이용해 금괴를 수하물 속에 넣어 두바이로 밀반입할 때 금품을 받은 공항 관리들이 눈감아주도록 했다. 이 금은 훔친 것이거나 국제적 제재 탓에 합법적으로 팔 수 없는 사람들이 소유한 것이었다. 에인절이 중국 억만장자의 하수인으로 착각한 기자들이 녹화한 이 영상을 보면, 그가 맡은 역할은 그의 홈페이지에서 홍보하는 것과 차이가 있다. 짐바브웨에 투자와 무역 유치를 하기 위해 짐바브웨의 '특명 대사'로 임명된 그는 자신의 외교 면책 특권을 팔아서 고전적인 '세탁소'를 운영한다. 금 판매로 얻은 돈은 범죄 단체의 은행 계좌로 이체되고, 범죄 단체는 그에 상응하는 금액의 '더러운' 돈을 짐바브웨 정부에 넘긴다. (에인절은 이 다큐멘터리가 "잘못된 정보와 추측으로 대통령 특사 겸 특명 대사인 우버트 에인절을 먹칠하려는 고의적 행동"이라고 대변인을 통해 비난했다.[21]) 에인절 대사의 개인 비서는 또다른 복음주의 목사인 리키 둘란으로, 트위터(현재의 'X') 계정을 보면 알 수 있듯이 백인 영국인이고 파트 타임으로 보수주의 문화 전사이자 프라이드 행진(성소수자(LGBTQ)들의 거리 행진 행사) 반대 운동가로 일하고 있다.[22] '리키 목사'는 몰래 설치된 카메라 앞에서 음낭가과 대통령이 이 계획이 실패하지 않도록 보장할 것이라며 이렇게 말했다. "아프리카에서는 일이 잘되도록 기름칠만 하면 아무것도 문제되지 않을 겁니다." 그는 알자지라 기자(에인절이 중국 억만장자의 하수인이라고 착각한 그 기자들 중 하나)에게 음낭가과 대통령과의 만남을 제안하고 그 대가로 20만 달러의 '알선 수수료'를 요구한다. (스캔들이 터진 후 공개된 동영상에서 둘란은 이 다큐멘터리가 "제국주의가 지원한 알자지라 계열사"가 제작한 "악랄하게 편집해 날조한 이야기"라고 말했다.[23])

이 다큐멘터리에는 에인절과 둘란 외에도 아프리카와 중동 전역에서 온 매우 다양한 인물들이 등장한다. 그중에는 두바이에서 거주하는 캐나다인("나는 웬만하면 내가 원하는 곳으로 (금을) 얼마든지 옮길 수 있다. … 금이 가장 좋은 이유는 현금이나 마찬가지라는 점이다")과 국립 은행에서 일하는 음낭가과 대통령의 조카도 있다. 또다른 등장인물은 케냐의 한 정당 대표인데, 두바이에 있는 여러 금 거래 회사의 소유주이며, 공교롭게도 그 역시 목사다.

역설적이게도 이들의 집단 사업 모델은 세계화의 역버전이다.

북아메리카, 남부 아프리카, 영국, 아랍에미리트에서 온 사람들이 국경을 넘어 즐겁게 협력하며, 짐바브웨의 투명성 결여와 정치적 저항파에 대한 탄압 덕분에 제재를 피하고 상호 이익을 취한다.

그들은 또한 새로운 것을 상징한다. 짐바브웨에서는 정치적 부패가—베네수엘라는 물론 많은 선진국(태머니홀*을 생각해보라)에서와 마찬가지로—아주 오랫동안 생활의 일부였다. 1980년, 영국으로부터 독립을 쟁취하기 위한 전쟁에서 승리한 혁명 지도자 로버트 무가베는 전형적인 일당 국가를 건설했다. 그와 당시 보안 책임자였던 음낭가과는 경쟁자들을 탄압하고 살해했으며, 결국 거대한 후원 네트워크를 통해 국가를 운영했다.[24] 하지만 1980년대에는 복잡한 국제 거래도 없었고, 두바이의 중개자도 없었다. 대부분의 전리품 즉 일자리, 계약, 리베이트는 무가베의 쇼나 부족 출신 사업가들에게 돌아갔다. 돈이 나오는 출처도 구닥다리였다. 독립 이후 20년 동안 변함없이 백인 소유의 농장에서 짐바브웨 수출의 대부분을 차지하는 담배, 설탕, 화훼 등 현금 작물을 계속 생산한 것이다.

2002년, 오래전에 약속되었고 절실히 필요했던 이 체제는 실제로는 혼란스럽고 폭력적으로 진행된 토지 개혁 때문에 부차적

• 1786년에 설립된 미국 정치 단체로, 뉴욕시와 뉴욕주의 민주당 정치를 좌우하는 핵심 지역 정치 조직이었다.

과제로 밀려났다. 무가베는 백인 농민 다수의 자산을 몰수해 토지의 대부분을 자신의 지지자들에게 넘기고 다수의 흑인 농장 노동자를 몰아냈다. 그러자 농업 생산이 붕괴했고, 수출 수익이 급감했다. 중앙은행이 돈을 찍어내기 시작하면서 인플레이션이 눈덩이처럼 불어나자, 베네수엘라에서와 마찬가지로 정부가 통화 통제를 시행했고, 정권 내부자들은 다중 환율 시스템 조작법을 익혔다. 이와 동시에 광업이 농업을 대체해 외화의 주요 공급원이 되었다. 이조치는 "장부에 올리지 않고" 외국에 판매하기에 담배나 꽃보다 금이 더 쉽다는 것을 알아차린, 연줄 좋은 짐바브웨 사람들에게 도움이 되었다.

이렇게 변한 나라가 짐바브웨만은 아니다. 전 세계의 금융 시스템은 도둑정치에서 흘러나오는 현금에 익숙해졌다. 1980년에서 2002년 사이에 조세 피난처뿐만 아니라 미국 국가민주주의기금 NED의 연구에서 "법적 관할권 연결bridging jurisdiction"이라고 부른 새로운 유형의 국가가 등장했다. 이 국가들은 국제 금융 시스템의 합법적인 구성원이며, 민주주의 세계와 정상적으로 무역을 하고, 때로 민주적 군사 동맹의 일부가 되기도 하지만, 범죄로 갈취한 재산을 세탁하고 수용하거나, 제재를 받은 사람과 기업을 기꺼이 지원하는 혼성 국가다.[25] 예를 들어 아랍에미리트는 최근 몇 년 동안 제재를 받은 외국인도 그 나라 거주자나 시민이 되어 부동산을 구입하는 일이 수월하도록 해놓았다. 그 결과 우크라이나 침공 이후 아랍에미리트에서 러시아인의 부동산 구매가 100퍼센트나 증가했다. 튀르키예는 러시아인뿐만 아니라 누구나 쉽게 돈을 송금하고 현금과 금을 직접 수입할 수 있는 뒷구멍을 만들어놓았다. 튀르키예에서는 제재 대상 외국인에 대한 이런 공개적 초청뿐만 아니라, 두바이로 금을 밀수하고 베네수엘라에서 이란으로 금을 운반하는 계획과 같은 은밀한 거래도 성행한다.[26]

도둑정치 체제에서의 현금 유입은 정권이 더욱더 독재적이고 억압적일 수 있도록 힘을 실어준다. 2022년부터 키르기스스탄에서 러시아로의 수출은 2.5배 증가했다. 이 중앙아시아 국가에서 러시아로 유입된 제품에는 이전에 러시아에 수출한 적이 없는 상품도 포함되었다. 제재를 피하고자 하는 유럽 기업이나 중국 기업이 만든 샴푸, 이쑤시개, 비누, 자동차 부품 등이 그런 제품이다. 이와 동시에 벨라루스에서 생산된 목재 및 목가공품도 키르기스스탄이나 카자흐스탄 상표를 달고 유럽 시장에 수출되었는데, 두 나라 다 이전에는 유럽에 목재를 수출한 경험이 없었다.[27] 지난 2년 동안 키르기스스탄의 독재 정권은 더 가혹해졌다. 이전에는 언론의 자유와 개방적인 정치적 대화를 비교적 폭넓게 허용해 이 일대에서 매우 개방적인 국가였던 키르기스스탄은 출판을 금지하고 기자의 활동을 제한하는 법을 통과시키기 시작했다.[28] 키르기스스탄 정부는 기자들의 휴대폰과 노트북을 압수했고, 어떤 경우에는 "불복종과 대규모 폭동을 촉구하는 행위"를 금지하는 모호한 법률을 위반했다는 이유로 기자들을 고발했다.

이 같은 상황 변화는 극적으로 일어났다. 2007년, 벡토우르 이스켄데르는 키르기스스탄 탐사 보도 웹사이트인 클루프를 공동 설립해 부정부패를 진지하게 보도하고, 젊은 언론인을 교육하면서 다른 중앙아시아 매체와 긴밀하게 협력했다. 이 웹사이트는 2020년까지 키르기스스탄에서 수백만 달러 규모의 밀수 및 돈세탁 조직을 상세하게 폭로한 기사 시리즈를 비롯해 특종과 탐사 보도를 꾸준히 내보냈다. 내가 2022년 여름에 이스켄데르를 만났을 때 그는 매우 낙관적이었고, 국경을 넘나드는 탐사 프로젝트 계획으로 여념이 없었다.[29] 〈탐사 저널리즘의 범죄 퇴치력〉이라는 제목의 그의 테드 강연 영상은 150만 명이 시청했다. 1년 반이 지나 두 번째로 만났을 때, 그는 장기 추방 위기에 처해 있었다. 나와 바르샤바에서 만나 커피를 마시며 대화할 때 그는 조국을 떠나라는 경고를 받았다고 말했다. 그는 키르기스스탄 정권이 막대한 러시아 자금의 유입으로 대담해졌다고 말했다. 현상 유지를 위한 더러운 자금이 갑자기 쏟아져 들어오는 상황에서 언론의 자유 확대나 투명성 강화와 같은 긍정적 변화가 일어날 가능성이 매우 희박해졌다고 그는 설명했다. 2023년 11월, 키르기스스탄은 러시아어와 키르기스어로

된 클루프 웹사이트를 차단했다.[30]

10여 년이 흐르는 동안 짐바브웨에서도 비슷한 변화가 일어났다. 2008년, 잘못된 재정 관리로 심각한 위기가 발생했다. 인플레이션 비율이 2억 퍼센트를 넘어섰고, 액면가가 무려 100조에 달하는 짐바브웨 달러 지폐가 발행되었다. 무가베는 변화를 시도할 준비가 된 것처럼 보였고, 민주적변화운동MDC이라는 그럴듯한 야당이 등장했다. 이 당의 지도자 모건 창기라이는 실제로 대통령 선거 1차 투표에서 승리했다. 그때 무가베가 민주적인 전환이 이루어지도록 했다면, 집권당뿐만 아니라 짐바브웨 국민 모두에게 이익이 되는 진정한 경제 개혁을 추진할 수 있었을 것이다. 최소한 짐바브웨에서 끊임없이 발생하는 위기를 진솔하게 논의할 자리라도 꾸려져야 했다. 하지만 무가베는 폭력으로 대응했다. 여당 깡패들은 창기라이의 지지자들을 괴롭히고 구타했다. 짐바브웨 인권 포럼은 정치적·일반적 납치 137건, 실종 19건, 살인 107건, 정치적 동기에 의한 강간 6건을 보고했다.[31]

무가베와 그의 측근들은 짐바브웨 국민의 권리 회복이나 보편적 번영 추구를 거부하고, 대신 1980년 당시에는 존재하지 않았던 기회를 이용했다. 그들은 '전통적'으로 부패한 지도자에서 다른 존재로 변모했다. 즉 대다수 짐바브웨 국민이 이해할 수 없는 엄청난 거래 뒤에 숨겨진 돈을 소유한 새로운 계층의 올리가르히가 되었다. 어떤 사람들은 적절한 시점에 적절한 곳에 소속되는 것만으로도 엄청난 부자가 될 수 있는 반면에 어떤 사람들은 여전히 가난에 시달리는 이 나라에서, 우버트 에인절의 재정 조언과 '기적의 돈'이 깊은 신뢰와 큰 희망을 안겨준 것은 전혀 놀라운 일이 아니었다. 보이지 않는 외국의 '마법'이 몇몇 사람을 엄청난 부자가 되게 해주었다면, 또다른 형태의 마법이 또다른 사람들에게도 도움을 줄 수 있지 않겠는가?

그러나 당연히 모두가 마법의 부를 누릴 수는 없었기에 짐바브웨 지도층은 대중 소요를 통제할 새로운 방법을 찾아야만 했다. 2017년에 무가베를 몰아낸 음낭가과는 그나마 짐바브웨에 남아 있던 법치주의 요소를 깡그리 없애기 시작했다. 그는 2021년에 헌법을 개정해 판사를 고용하고 해고할 권한을 자신에게 부여하며 사법 체계를 파괴했고,[32] 판사들을 우호적으로 유지하기 위해 주택 대출로 위장한 뇌물을 살포했다.[33]

2023년 8월, 선거를 앞두고는 '애국 법안'을 통과시켜 짐바브웨 국민이 외국인에게 자국이나 자국 정부에 대해 부정적으로 말하는 것을 사실상 범죄로 규정했다.[34] 나는 선거를 참관하기 위해 짐바브웨에 가려는 계획을 세웠으나, 이 법안이 통과된 뒤 여행을 취소했다. 그 대신 선거 운동 기간에 여러 야당 후보와 전화로 이야기를 나눴다. 그들은 열정적이고 조직적이었으며 의욕이 넘쳤다.

현 정권에 대한 혐오가 널리 퍼져 있으니 승리할 것이 확실하다고 말했다.

며칠 지나 정부의 승리를 위해 조작된 선거가 치러진 후, 그들 중 한 사람이 몹시 당황한 채 내게 전화를 걸어 자신이 탈출하도록 도와줄 수 있는지 물었다. 그가 사는 지역의 경찰이 그의 동료들을 체포했다고 했다. 짐바브웨가 폭력과 부패로 점철되자 미국과 유럽 연합은 더 많은 제재를 가했고, 그중 일부는 범죄자 개인에게 가해졌다.[35] 그러나 국제 금융 시스템이 돈을 벌고 숨기는 데 효과적인 여러 가지 서비스를 개발하자, 짐바브웨 엘리트도 2023년에는 대안이 있다는 것을 눈치챘다.

짐바브웨 집권당은 중국 공산당과 오랫동안 관계를 맺어왔다. 이 관계는 그들이 마오주의 구호를 공유하고 농민 반란에 대해 이야기하던 시절까지 거슬러 올라간다. 중국은 무가베의 정당인 짐바브웨 아프리카 민족동맹애국전선Zanu-PF이 독립을 위해 싸우던 시절에, 그리고 그뒤 소련의 지원을 받은 그의 정적 해방당liberation party과 투쟁을 벌일 때 무기와 훈련과 조언을 제공했다.[36] 짐바브웨가 독립한 뒤로 중국은 서서히 이 나라의 최대 투자국이자 최대 수입국, 주요 수출 대상국이 되었다. 2022년까지 중국의 원조는 국립 의약품 물류 센터에서 새 국회 의사당 건립에 이르기까지 다양한 프로젝트에 기여했다. 팬데믹 기간에 중국은 짐바브웨에 시노백

코로나19 백신 100만 명분을 제공했다.[37]

두 나라의 상호 이해관계는 분명했다. 중국은 짐바브웨에서 원자재를 얻었다. 2022년 9월, 중국 투자자들은 중국 배터리 공장에 수출할 리튬, 백금, 니켈 가공 시설을 짐바브웨에 건설하기 위해 28억 달러 규모의 계약을 체결했다.[38] 그 대가로 짐바브웨는 중국이 오랫동안 내부 저항자를 추적하는 데 사용한 화웨이의 장비와 감시 카메라 등의 중국의 감시 기술과 광대역 도입 계약을 맺었다.[39] 안면 인식 소프트웨어 생산 업체를 비롯한 중국 기술 업체들은 "법집행 목적"이라는 모호한 명목으로 장비를 제공하는 계약을 체결했다.[40] 요컨대 짐바브웨가 통신 인프라를 중국에 넘기는 대가로 중국은 음낭가과가 권력을 유지하는 데 도움을 주었다.

짐바브웨와 러시아 사이에 깊은 역사적 연관성은 없었지만, 음낭가과와 푸틴은 서로가 공통점이 많다는 것을 알게 되었다. 두 사람 다 선거나 헌법이 아닌 선전선동, 부패, 선별적 폭력을 통해 권력을 유지해왔다. 따라서 둘 다 자국민들과 민주주의 세계 사람들에게, 자신들에 대한 비판이나 인권·민주주의에 대해 자신들이 얼마나 관심이 없는지 보여줄 필요가 있었다. 짐바브웨는 러시아 도둑정치와의 연대를 보여주기 위해 2014년 유엔에서 북한, 벨라루스, 쿠바, 베네수엘라와 함께 러시아의 크림반도 합병에 찬성표를 던진 11개 국가 중 하나가 되었다. 같은 해에 짐바브웨는 러시아에 백금 채굴권을 양도하고 그 대가로 미그-35기를 몇 대 받았다.[41] 2019년, 푸틴은 음낭가과 정권의 경찰이 수도 하라레에서 시위대에 발포한 지 일주일 만에 음낭가과를 모스크바로 불러들였다.[42] 두 정상은 짐바브웨 다이아몬드 산업에 대한 러시아의 투자 협정에 서명했다.[43]

2023년, 한때 반식민지 독립 운동의 지도자였던 음낭가과가 푸틴의 잔인한 우크라이나 식민 침략 전쟁을 지지하면서 두 사람의 관계는 새로운 국면을 맞이했다. 그는 상트페테르부르크에서 열린 러시아-아프리카 정상 회담에서, "짐바브웨는 우크라이나에 대한 러시아연방의 특별 군사 작전에 연대한다"라고 선언했다. 이를 고마워한 푸틴은 새로운 동지에게 대통령 전용 헬리콥터를 선물했다. 짐바브웨 정부 대변인은 "이 새가 곧 우리나라 하늘을 멋지게 날 것"이라고 선언했다.[44] 그는 헬기 기내에서 와인과 과일이 가득한 탁자 옆에 앉아 있는 80대의 음낭가과 사진을 언론에 보내고, 짐바브웨 국민과 전 세계에 보내는 음낭가과의 성명서를 공개했다. 음낭가과는 이렇게 말했다. "제재의 피해자들은 반드시 서로 협력해야 한다."

3장

담론 통제하기

1989년 6월 4일, 폴란드 공산당은 부분적 자유선거를 실시했는데 이 조치가 궁극적으로 공산당을 권좌에서 물러나게 하는 일련의 사건의 발단이 되었다. 얼마 지나지 않아 언론의 자유, 책임의식, 민주주의를 요구하는 가두시위가 동독, 체코슬로바키아, 헝가리, 루마니아에서 공산 정권을 붕괴시키는 데 일조했다. 그뒤로 몇 년이 흐르자 소련 자체가 더는 존재하지 않게 되었다.

폴란드 선거일과 같은 날, 중국 공산당은 톈안먼 광장에 모인 수천 명의 학생을 제거하라고 군대에 명령했다. 중국 학생들은 동유럽 학생들과 마찬가지로 언론의 자유, 책임의식, 민주주의를 요구했다. 그러나 군인들은 베이징과 전국 각지에서 시위자들을 폭력으로 진압하고 체포했으며, 항쟁 주도자들을 색출해 자백과 전향을 강요했다. 어떤 이들은 몇 년을 감옥에서 보냈고, 어떤 이들은 추적을 피해 중국을 영구히 떠나야 했다.

이 사건 이후 중국 당국은 이 같은 대응도 충분치 않다는 결론에 도달했다. 당시 유럽을 휩쓸던 민주화의 물결이 동방으로 확산되는 것을 막기 위해 중국 지도자들은 사람뿐만 아니라 이런 시위의 동기가 된 **사상**을 척결하기 시작했다. 그들은 법치주의, 권력 분립, 언론과 집회의 자유, 나아가 자신들이 "정신적 오염"으로 묘사한, 민주주의 세계에서 유입된 주의는 무엇이든지 제거하기 시작했다. 시진핑이 중국을 1인 통치의 길에 들어서게 하기 한참 전부터 중국은 당시 전 세계의 정치와 담론을 바꾸기 시작한 새로운 정보 기술을 이용하기 시작했다.

이런 시스템이 구축되는 동안 이것이 제대로 작동하리라 생각한 사람은 아무도 없었다. 미국인들은 순진하게도 무역이 민주주의를 건설하는 데 이바지하리라 생각했고, 기술에 대해서는 더 큰 기대를 품었다. 2000년, 클린턴 대통령이 중국의 인터넷 규제 시도에 대해 "못으로 젤리를 벽에 박으려는 것"과 같다고 말했을 때, 그 방에는 외교 정책 전문가들이 가득했다는 것을 다시 한번 상기할 필요가 있다. 《모두가 온다Here Comes Everybody》〔한국어판 제목은 《끌리고 쏠리고 들끓다》〕와 《고결한 현실Virtuous Reality》 같은 책들은 인터넷이 자기조직화 붐을 일으키고 문화 르네상스까지 불러올 것이라고 주장했다. 2012년까지만 해도 《뉴욕 타임스》의 한 평론가는 내가 책에서 인터넷이 통제의 도구가 될 수 있다고 한 주장을 비판했다. "블라디미르 푸틴이 당신을 예언자로 만들지 모르지만, 금세기까지 기술은 폭정에 대항하는 방안 중에 환영받는 수단이 되었다."[1]

그 서평에서 맥스 프랭클은 이렇게 썼다.

우리가 인터넷이 다양한 방법으로 민주주의를 확산시킬 것이라고 노래하는 동안 중국은 이른바 '방화장성Great Firewall of China'으로 알려진 시스템을 설계하고 있었다. 기분 좋은 역사적 반향을 불러일으키는 이 명칭(만리장성Great Wall of China을 빗댄 표현이다)은 사람들을 오도할 수 있다. '방화벽'은 물리적 대상인 것처럼 들리지만, 사실 중국의 인터넷 관리 시스템(실제로는 대화 관리)에는 인터넷 사용자가 특정한 단어와 문구를 볼 수 없도록 차단하고 필터링하는 정교한 시스템을 비롯해 다양한 요소가 포함되어 있다. 그런 문구에는 '톈안먼', '1989년', '6월 4일' 같은 단어는 물론이고 매우 많은 단어를 포괄한다. 2000년에는 '인터넷 댓글 관리 조치'라는 것을 통해 "국가 안보를 위협하거나, 국가 기밀을 누설하거나, 정부를 전복하려 하거나, 국가 통합을 저해하는 내용", "국가의 명예와 이익에 해로운 내용"과 같이 당국이 싫어하는 내용 등 매우 광범위한 내용을 금지했다.[2] 중국 소셜미디어는 처음부터 사용자 감시가 가능하도록 설계된 보안 서비스와의 협력을 통해서만 번창할 수 있었다.

외국 기업들은 처음에는 포스트 소비에트 시기에 금융 시장에 뛰어들었던 것과 동일한 방식으로 이 새로운 보안 시장에 뛰어들어 도움을 주었다. 마이크로소프트는 한때 '방화장성'의 프로토콜을 수용하기 위해 블로그 소프트웨어를 변경하기도 했다. 야후는

"자기규율에 대한 공개 서약"에 서명해, 금지된 용어가 검색에 나타나지 않도록 했다.[3] 또다른 미국 기업인 시스코 시스템스는 금지된 웹사이트로의 트래픽을 차단하는 기술을 비롯해 수억 달러 규모의 장비를 중국에 판매했다. 2005년에 내가 이 같은 판매를 다룬 기사를 쓰자, 그 회사 대변인은 그것이 "지역 도서관에서 음란물을 차단하는 데 사용하는 것과 동일한 장비 기술"이라고 말하며, "우리는 불법적인 일은 전혀 하지 않는다"라고 덧붙였다. 작고한 중국 인권 운동가 해리 우는 중국 내 시스코 시스템스 담당자로부터 이 회사가 적어도 31개 성省의 경찰청과 기술 제공 계약을 맺었다는 사실을 알게 되었다고 말했다.[4]

그러나 다른 많은 분야에서와 마찬가지로 중국은 필요한 기술을 흡수한 뒤에 외국 기업을 내쫓았다. 구글은 '방화장성'의 규정을 준수하기 위해 고군분투하다가 2010년에 인민해방군이 조직한 사이버 공격을 받고 포기했다.[5] 그뒤 구글은 비밀리에 중국의 검열과 호환되는 검색엔진 버전을 개발했지만, 2018년에 직원들의 항의와 대중의 비판에 직면해 이마저도 포기했다.[6] 중국은 2009년에 페이스북을, 2014년에 인스타그램을 금지했다. 틱톡은 중국 기업이 개발했지만, 중국에서는 사용이 허용되지 않았다.

중국 정부는 또한 온라인 추적 시스템을 보안 카메라, 경찰 조사, 체포 등 다른 탄압 도구와 결합하는 방법을 배우면서 사이버 공간을 넘어 더 넓은 그물망을 쳤다. 이 결합된 시스템의 가장 정교한 버전은 현재 중국의 소수 민족인 무슬림 위구르인이 거주하는 신장 자치구에서 운영되고 있다. 2009년에 신장에서 정치적 시위가 여러 차례 발생하자 중국 정부는 위구르인들을 체포·구금하는 한편, 새로운 형태의 온·오프라인 통제를 실험하기 시작했다. 위구르인들은 휴대폰에 '유모 앱nanny app'을 설치해야 했는데, 이 앱은 쿠란 구절과 종교적 언급은 물론 모든 형태의 서신에서 의심스러운 문구와 '사상적 바이러스'를 지속적으로 검색한다. 이 앱은 디지털 도서 구매를 모니터링하고 개인의 위치를 추적해 해당 정보를 경찰에 전송할 수 있다. 또한 가상 사설망을 다운로드하거나 인터넷에 접속하지 않는 등 일반적이지 않은 행동을 하는 인물을 포착할 수 있고, 집에서 전기를 너무 많이 사용하는 사람(비밀 체류자가 있다는 증거일 수 있다)은 의심의 대상이 될 수 있다. 나아가, 음성 인식 기술, 심지어 DNA 면봉을 사용해 위구르인이 걷고, 운전하고, 쇼핑하는 장소를 모니터링한다.[7]

결국 이 시스템은 중국 전역으로 확산되어, 현재 보안 카메라 수억 대가 공공장소를 감시하고 있다. 인공지능과 안면 인식 소프트웨어는 카메라 앞을 지나가는 사람들을 식별해 휴대폰, 소셜미디어, 기타 출처에서 수집한 다른 정보와 즉시 연결한다. 이른바 사회 신용 시스템social credit system이라고 불리는 이 기술은 이미 풍부한 데이터베이스를 연결해 규칙을 위반하는 개인을 블랙리스트에 올린다. 때때로 이 시스템은 교통 흐름을 개선하는 것이 유일한 목적인 양 "안전 도시 기술safe city technology"이라는 친절한 용어로 불리는데, 물론 실제로 그런 역할도 한다.

하지만 안전이 유일한 목표는 아니다. 기술 저널리스트 로스 앤더슨은《애틀랜틱》에서 "중국의 알고리즘은 곧 여행 기록, 친구와 동료, 독서 습관, 구매 등 광범위한 출처의 데이터 포인트를 연결해 정치적 저항이 일어나기 전에 예측할 수 있게 될 것"이라고 전망했다.[8] 새로운 기술 혁신이 이루어질 때마다, 인공지능이 발전할 때마다 중국은 성배聖杯에 가까워지고 있다. 이는 인터넷에서 '민주주의', '톈안먼' 같은 단어를 제거하는 데 그치지 않고, 사람들이 실제로 민주화 운동가가 되거나 대중 시위에 참여하도록 하는 시도 자체를 제거할 수 있는 시스템이다.

다른 국가들도 이를 모방할 수 있다. 중국의 거대 기술 기업 화웨이는 파키스탄, 브라질, 멕시코, 세르비아, 남아프리카공화국, 튀르키예에 '안전 도시 기술', 감시 장비, 인공지능 시스템을 판매했다.[9] 말레이시아의 한 보안 기관은 카메라 이미지를 중앙 데이터베이스의 이미지와 실시간으로 비교하는 기능을 지원하는 인공지능 기술을 제공하는 중국 회사와 계약을 체결했다. 싱가포르도 비슷한 제품을 구매했고, 나아가 싱가포르의 모든 가로등 기둥에 안면 인식 기술이 적용된 카메라를 설치한다는 계획을 발표하기도 했다.[10] 짐바브웨의 음낭가과 대통령은 "공항, 철도, 버스 정류장의 지능형 보안 애플리케이션"을 설계한다는 명목을 내세워 안면 인식 기술을 도입했는데, 이것이 정치적 통제에 악용될 잠재력은 매우 높다.[11]

이러한 아이디어가 더 확산되어 민주 국가의 지도자들까지 유혹하는 것은 시간문제다. '안전 도시 기술'의 일부 요소는 실제로 범죄 퇴치에 도움이 될 수 있으며, 많은 민주 국가에서 이를 실험하고 있지만, 진짜 범죄자나 테러리스트뿐만 아니라 정치적 비판자나 저항자에게도 감시 기술이 적용될 수 있다. 이스라엘 회사 NSO가 만든 휴대폰 스파이웨어 페가수스는 헝가리, 카자흐스탄, 멕시코, 인도, 바레인, 그리스 등에서 언론인, 활동가, 정치적 반대자를 추적하는 데 사용되었다. 2022년, 포퓰리즘 정당인 법과정의당PiS이 주도하던 폴란드 정부는 당시 야당에 소속되어 있던 내 지인들의 휴대폰에 페가수스 소프트웨어를 설치했다. 2013년에 미국 국가안보국NSA의 계약직 직원이었던 에드워드 스노든이 국가안보국의 방법과 전술을 공개하는 동시에 전 세계에 대한 미국의 군사 작전을 자세히 설명하는 수천 건의 문서를 공개하면서 국제적 논란이 일었을 때, 미국 정부가 자국 시민에 대해 어떤 정보를 보유해야 하고 보유하지 말아야 하는지에 대한 논쟁도 벌어졌다. 스노든은 러시아로 도피해 현재 그곳에 머물고 있다.

민주 국가와 독재 국가에서 이러한 이야기가 전개되는 방식에는 중요한 차이점이 있다. 스노든의 기밀 유출은 두루 논의되었고, 이를 취재한 언론인들은 퓰리처상을 수상했다. 폴란드에서는 페가수스 스파이웨어 스캔들이 처음에는 언론에 의해, 나중에는 의회 위원회에 의해 폭로되고 조사되었다. 반면 중국, 러시아, 이란, 북한에서 이와 유사한 스캔들이 발생하지 않은 것은 같은 역할을 할 수 있는 의회 조직이나 자유 언론이 없기 때문이다.

하지만 민주주의 세계에서 스파이웨어와 감시 도구를 이용하는 것은 독재 정권이 이런 기술의 남용을 정당화하는 데 도움이 된다. 더 많은 국가가 이러한 시스템을 채택한다면, 윤리적·도덕적 반대가 사그라들 것이다. 중국은 상업적인 목적으로 이 같은 기술을 수출하지만, 이 기술이 확산된다면 이를 자국 내에서 사용하는 것도 정당한 일로 받아들여질 것이라고 본다. 중국 밖에서 광범위한 감시에 대한 반대가 약해진다면, 중국 내에서 비판이 제기될 위험성도 줄어들 것이라 생각하는 것이다. 중국의 첨단 기술에 의존해 국민을 통제하는 독재자, 정당, 엘리트는 권력을 유지하기 위해 정치적으로 중국에 동조할 필요성을 느끼기 시작했을 수 있다. 디지털 기술 전문가 스티븐 펠드스타인은 중국이 "다른 국가의 통치 모델을 중국의 통치 모델에 일치시킬수록 그런 국가들이 중국의

패권에 위협이 될 가능성은 줄어든다"라고 주장한다.[12]

그러나 아무리 정교한 형태의 감시도 모든 것을 지켜주지는 못한다. 팬데믹 시기에 중국 정부는 대다수 중국인이 경험한 것 중에 가장 엄격했을 신체적 이동 통제를 시행했다. 수백만 명이 강제로 집에 격리되거나 심지어 갇혔고, 수많은 사람이 정부의 격리 수용소에 들어갔다. 그럼에도 봉쇄 조치에 대항해 매우 격렬하고 활기찬 시위가 수년 만에 등장했다. 시위에 참여한 적도 없고, 톈안먼 사태에 대한 기억도 없는 젊은이들이 2022년 가을에 베이징과 상하이의 거리에 모여 이동의 자유와 언론의 자유를 두고 토론했다. 중국 전역에서 가장 길고 혹독한 봉쇄령이 내려지고 인터넷 통제가 가장 철두철미한 신장 자치구에서 사람들은 공공장소에 나와 중국 국가를 부르며 가사의 한 줄을 강조했다. "일어나라, 노예가 되기를 원치 않는 사람들이여!" 스파이웨어와 필터가 중국 국가를 저항의 신호로 식별하지 못한 덕분에 시위자들의 이 같은 영상 클립이 널리 퍼졌다.[13]

이 사례에서 주식회사 독재정치는 중요한 교훈을 얻었을 것이다. 완벽하게 감시를 실행하는 듯이 보이는 국가에서도 폭정과 불의의 경험은 언제나 사람들을 급진화할 수 있다. 자의적 권력 행사를 향한 분노는 언제나 다른 체제, 더 나은 사회 운영 방식을 생각하게 만든다. 이 같은 시위의 강도와 광범위한 분노는 중국 당국이 겁을 먹고 격리를 해제하고 바이러스 확산을 허용하도록 하기에 충분했다. 그런 조치가 초래할 사망자의 증가가 차라리 대중의 분노와 항의를 불러일으키는 것보다 낫다고 판단한 것이다.

더 광범위한 교훈도 얻었을 수 있다. 2011년에 러시아에서 일어난 푸틴 반대 시위나 몇 년 후 카라카스에서 일어난 대규모 거리 시위와 마찬가지로, 2022년에 중국에서 일어난 시위는 독재 정권이 억압적인 메커니즘을 외부, 즉 민주주의 세계로 전파해야 한다는 생각을 다시금 갖게 했을 수 있다. 사람들이 인권의 이미지에, 민주주의의 언어에, 자유의 꿈에 자연스럽게 끌린다면, 이런 사상 자체가 독살되어야 할 것이다. 이를 위해서는 단순히 자유주의 사상을 물리치는 정치 체제나 감시만으로는 부족하다. 민주주의가 자리한 곳이라면 어디든, 민주주의 사상을 훼손하는 공격적인 계획, 한마디로 담론narrative이 필요하다.

20세기에 공산당의 선전은 압도적이고 고무적이었다. 적어도 그렇게 되기를 지향했다. 포스터, 예술품, 영화, 신문은 쾌적한 공장, 풍요로운 농산물, 열정적인 노동자, 건장한 트랙터 기사로 가득한 찬란하고 이상적인 미래를 묘사했다. 건축물은 사람들을 압도하도록, 음악은 사람들을 고무하도록, 공개적 구경거리는 경외심을 불러일으키도록 설계되었다. 이론적으로, 시민들은 열정과 영감과 희망을 느끼게 되어 있었다. 그러나 실제로는 사람들이 포스터와 영화에서 본 모습이 그보다 훨씬 빈곤한 현실과 비교되었기 때문에 이러한 선전은 역효과를 낳았다.

몇몇 독재 정권은 여전히 국민에게 자국을 모범 국가로 묘사한다. 북한은 스탈린주의식 정교한 체조와 지도자의 거대한 초상화를 전시하는 대규모 군사 퍼레이드를 개최하는 것으로 유명하다.[14] 그러나 주식회사 독재정치의 선전가 중 상당수는 20세기에 저질러진 실수에서 교훈을 얻었다. 그들은 시민들에게 유토피아의 비전을 제시하지 않으며, 더 나은 세상을 건설하도록 영감을 불어넣지 않는다. 그 대신 더 나은 세상을 만들 수 없으니 냉소적이고 수동적인 태도를 취하라고 가르친다. 그들의 목표는 사람들이 독재 정권에 신경쓰지 않고, 정치에 관여하지 않고, 민주적 대안을 기대하지 말도록 다음과 같이 설득하는 것이다. **우리가 부패했다고 할 수도 있다. 하지만 다른 모든 사람도 부패한다. 당신이 우리의 지도자를 나쁘다고 할 수도 있다. 하지만 다른 사람들은 그보다 더 나쁘다. 우리 사회가 마음에 들지 않을 수도 있다. 하지만 적어도 우리는 강하고, 민주주의 세계는 약하고 타락하고 분열되어 죽어가고 있다.**

현대 중국의 국내 선전은 중국을 완벽한 사회로 묘사하지 않고, 대신 중국의 실제 경제 발전과 국가 부흥의 경험을 바탕으로 민족주의적 자부심을 심어주는 데 주력한다. 중국 정부는 또한 자신들의 '질서'와 민주주의의 혼돈 또는 폭력을 대조적으로 묘사한다. 중국 언론은 미국이 팬데믹에 보인 느슨한 대응을 자유의여신 상이 정맥 주사를 맞는 장면으로 끝나는 애니메이션으로 조롱했다.[15] 나중에 중국 매체《환구시보環球時報》는 1월 6일에 벌어진 미국 국회 의사당 내란 사태•를 중국인들은 '업보'와 '보복'으로 부른다는 기사를 썼다. "이런 시나리오를 보면서 많은 중국인이 낸시 펠로시가 홍콩 시위대의 폭력을 '아름다운 광경'이라고 칭찬했던 일을 자연스럽게 떠올릴 것이다."[16] (물론 펠로시는 폭력이 아닌 평화 시위를 칭찬했다.) 중국 당국은 또한 이처럼 혼란을 부추기는 세력이 중국인들의 삶을 방해하려 한다며, 외국과의 영향력이나 외국 스파이에게 대항하는 "인민 전쟁"에서 그들과 맞서 싸워야 한다고 권한다. "외국의 적대 세력이 매우 열심히 일하고 있으니, (우리는) 국가 안보 업무에 경계를 늦춰서는 안 된다."[17]

러시아인들은 자신이 사는 마을이나 도시에서 일어나는 일에 대해서 거의 소식을 듣지 못한다. 하지만 자신들이 알지 못할뿐더러 대다수가 한 번도 가본 적 없는 곳의 쇠퇴에 대해서는 끊임없이

• 2021년 1월 6일, 두 달 전 대선에서 패배한 트럼프의 지지자들이 워싱턴의 국회 의사당 건물을 점거하고서 선거인단 최종 계수를 하는 상·하원 합동 회의를 저지하려 했다. 이 사건으로 다섯 명이 사망했고, 트럼프는 내란 선동죄로 기소되었다.

듣는다. 퇴보와 위선, 러시아 혐오로 가득 찬 듯한 미국, 프랑스, 영국, 스웨덴, 폴란드 같은 나라들의 이야기다. 2014~2017년 러시아 TV를 조사한 결과에 따르면, 국가가 통제하는 러시아 3대 주요 채널에서 유럽에 대한 부정적 뉴스가 하루 평균 18회나 방송되었다.[18] 일부 이야기는 명백히 지어낸 것이다(**유럽 정부가 이성애자 가정에서 아이를 훔쳐 동성애자 커플에게 주고 있다!**). 한편 유럽의 일상은 무섭고 혼란스러우며, 유럽인은 나약하고 부도덕하고, 유럽 연합은 독재적이거나 간섭주의적이고, 어쩌면 곧 붕괴할 것이라고 선전하기 위해 선별적으로 뽑아낸 기사도 있다. 그 목표는 분명하다. 한때 러시아인들이 그랬던 대로, 러시아 국민들이 자신들을 유럽인과 동일시하는 것을 막는 것이다.

미국에 대한 묘사는 더욱 자극적이다. 러시아에 대해 거의 생각해본 적 없는 미국인들은 러시아 국영 TV가 미국과의 문화 전쟁, 특히 성별에 대한 논쟁에 얼마나 많은 시간을 할애하는지 알면 깜짝 놀랄 것이다. 푸틴도 트랜스젠더의 권리를 다룬 트위터 논쟁에 놀라울 정도로 친밀감을 드러내며 '삭제된canceled' 대상이 된 사람들에게 조롱하듯 동정을 표하곤 했다.[19] 이는 부분적으로는 자유 민주주의 세계에 감탄할 만한 부분이 없음을 러시아인들에게 보여주기 위한 것이다. 그런데 이는 푸틴이 러시아를 '백인 기독교 국가'로 생각하는 일부 순진한 보수주의자들을 설득해 권위주의 극우파를 추종하는 유럽과 북아메리카의 청중과 지지자들 사이에 동맹을 구축하는 방법이기도 하다.[20] 실제로 러시아는 교회 출석률이 매우 낮고, 낙태가 합법화되어 있으며, 수백만 무슬림 국민이 있는 다민족 국가다. 러시아 연방의 일부인 체첸 자치공화국은 부분적으로 샤리아(이슬람법)에 의해 통치되고 있으며, 이슬람식 순결이라는 명목으로 동성애자를 체포하고 살해했다.[21] 러시아 정부는 복음주의 개신교를 비롯해, 국가가 승인한 러시아 정교회를 제외한 여러 형태의 종교를 괴롭히고 억압한다.[22]

허약한 민주주의 세계에 대항하는, 강하고 전통적인 국가들의 리더로 러시아를 묘사하고 있음에도, 푸틴은 미국 내에서 소수의 지지자를 확보했다. 2017년, 폭력 사태로 끝난 악명 높은 샬러츠빌 시위*에 참가한 백인 민족주의자들은 "러시아는 우리의 친구다"라는 구호를 외쳤다.[23] 러시아인들은 기독교 또는 전통적 가치 장려를 표방하는 국제기구에 참여하고 있으며, 그중 일부에 은밀하게 자금을 지원한다는 의혹을 받고 있다. 푸틴은 이 지지층에게 주기적으로 메시지를 보낸다.[24] 2023년 12월, 그는 한 기자 회견에서 "나는 여자는 여자이고, 남자는 남자이며, 어머니는 어머니이고, 아버

• 2017년 8월 11~12일, 백인지상주의자들이 미국 버지니아주 샬러츠빌에서 "우파여, 단결하라"라는 구호를 내걸고 시위를 벌였고, 다양한 극우 세력이 여기에 참여했다.

지는 아버지라는 전통적 접근 방식을 지지합니다"라고 하며 마치 이것이 우크라이나 전쟁을 정당화하는 근거인 양 말했다. 이 기자 회견 직전에 러시아 정부는 '국제 성소수자 운동'을 '극단주의'의 한 형태라며 금지했고, 경찰은 게이바를 급습하기 시작했다.[25]

동성애자 인권과 페미니즘에 대해 격한 감정을 조장하는 이러한 행태는 독재 국가들에서 널리 모방되고 있다. 30년 넘게 우간다를 통치한 요웨리 무세베니 대통령은 2014년에 '반동성애' 법안을 통과시켜 결혼한 동성애 커플에게 종신형을 선고하고, 동성애적 생활 양식을 '조장하는' 행위를 범죄로 규정했다. 그는 동성애자 권리를 둘러싼 싸움을 선택함으로써 정권에 대한 외국의 비판을 무력화하고 국내 지지층을 결집할 수 있었다. 그는 민주주의를 "사회적 제국주의"라고 비난했으며, "외부인은 우리에게 지시할 수 없으며, 이 나라는 우리나라다"라고 선언했다.[26] 비자유주의 혼성 국가인 헝가리의 빅토르 오르반 총리도 문화 전쟁 뒤에 숨어서 헝가리의 부패를 둘러싼 논쟁을 회피한다. 그는 자국 정부와 미국 정부 사이에 생긴 지속적인 긴장은 종교와 젠더 문제가 그 원인이라는 명분을 내세우지만, 실제로는 그 자신이 러시아 및 중국과 긴밀한 재정적·정치적 관계를 맺었기 때문에 관계가 악화되었다.[27]

일부 독재자들은 국민들의 관심을 자신에게 최대한 집중시켜서 국가적 대화를 독점한다. 우고 차베스는 베네수엘라 텔레비전 방송에 끊임없이 출연해 정규 프로그램을 선점했고, 모든 텔레비전·라디오 채널을 단번에 장악했다. 그는 일요일마다 몇 시간 동안 토크쇼인 〈안녕, 대통령Aló, Presidente〉을 진행하면서 정치나 스포츠에 대한 긴 독백, 개인적 일화, 노래로 시청자들을 즐겁게 했다. 때로는 나오미 캠벨, 숀 펜 같은 유명인을 초대하기도 했다.[28] 어떤 면에서 이러한 국가적 대화 독점은 트럼프의 2016년 선거 운동의 예고편으로, 트럼프는 텔레비전 대신 소셜미디어를 이용해 대화를 지배했다. 두 사람 다 오늘날의 다른 독재자들과 마찬가지로 반복적이고 노골적으로 거짓말을 했다. 정치학자 리자 웨딘은 내전이 한창 벌어지던 시기에 시리아 정권은 시리아가 훌륭한 관광지라는 식의 도저히 믿기 어려운 터무니없는 거짓말을 했다고 지적했다.[29] 웨딘은 이러한 "국가적 허구national fiction"는 누구를 설득하기 위해서가 아니라 이야기를 지어내는 사람의 힘을 과시하기 위해서 지어낸다고 결론지었다. 때로 이런 행위의 핵심은 사람들이 거짓을 믿게 만드는 것이 아니라 거짓말쟁이를 두려워하게 만드는 것이다.

이런 점도 과거와 달라진 현상이다. 구소련의 지도자들도 거짓말을 했지만, 그들은 거짓이 진실처럼 보이게 하려고 애를 썼다. 유엔에서 흐루쇼프가 그랬듯이 거짓말을 한다고 비난을 들으면 화를 냈고, 이에 대응해 가짜 '증거'나 반론을 들이밀었다. 푸틴의 러시아, 알아사드의 시리아, 마두로의 베네수엘라에서 정치인과 텔레비전 진행자들은 종종 다른 게임을 한다. 그들은 끊임없이, 노골적으로, 명백하게 거짓말을 한다. 그러다 거짓말이 들통나도 반론을 제시하려고 하지 않는다. 2014년, 러시아가 통제하는 군대가 우크라이나 상공에서 말레이시아 항공 17편을 격추했을 때, 러시아 정부는 그 사실을 부인하는 데 그치지 않고 여러 가지 그럴듯한 이야기로 맞대응했다. 그중에는 우크라이나 군대 혹은 CIA(미국 중앙정보국)에 책임을 돌리는 이야기도 있었고, 러시아의 신용을 떨어뜨리기 위해 298명의 시신을 비행기에 태워 추락 사고를 위장한 사악한 음모를 꾸몄다는 말도 안 되는 이야기도 있었다.

이른바 '거짓의 불쏘시개'라고 불리는 이 전술은 분노가 아니라 허무주의를 낳는다. 설명이 너무나 많이 제시될 때 당신은 실제로 무슨 일이 일어났는지 어떻게 알 수 있겠는가? 도저히 알 수 없다면 어떻게 해야 하는가? 당신 주변에서 일어나는 일을 이해할 수 없다면, 민주주의를 위한 운동에 동참하지 않게 되거나, 진실을 말하는 지도자를 따르지 않게 되거나, 긍정적인 정치적 변화에 대해 말하는 사람에게 귀를 기울이지 않게 될 것이다. 그리고 정치를 완전히 기피하게 될 것이다. 독재자들은 이러한 절망과 냉소주의를 자국뿐만 아니라 전 세계에 퍼뜨리려는 엄청난 동기를 품고 있다.

2023년 2월, 뮌헨에서 열린 만찬에서 나는 아프리카에서 막 돌아온 한 유럽 국가 외교관의 맞은편에 앉게 되었다. 그는 그곳에서 만난 몇몇 학생이 우크라이나 전쟁에 대해 아는 바도 없고 관심도 없다는 사실에 충격을 받았다고 말했다. 그들은 우크라이나가 '나치' 국가라는 러시아의 주장을 반복하면서 NATO의 침공을 비난했고, 매일 밤 러시아 저녁 뉴스에서 들을 법한 표현을 주로 썼다고 전했다. 그 외교관은 혼란스러워하며 그 원인을 설명해보고자 애를 썼다. 식민주의의 유산일 수도 있고, 서구가 글로벌 사우스•를 무시한 결과일 수도 있고, 아니면 냉전이 남긴 긴 그림자 때문일 수도 있었다. 끝내 원인을 정확히 파악하지 못한 그는 고개를 저었다.

자신의 경험만 가지고 세상을 설명하려는 수많은 유럽인과 미국인처럼, 그는 가장 단순하고 명백한 설명을 놓쳤다. 아프리카인들(라틴아메리카인, 많은 아시아인, 그리고 많은 미국인과 유럽인도)이 우크라이나에 대한 러시아의 선전을 반복하는 이유는 유럽 식민지였다는 역사 때문이 아니다. 전 세계의 매체와 엘리트 청중을 매수하거나 그들에게 영향을 미치고자 하는 중국의 조직적 노력, 그리고 돈을 받았든 아니든 미국과 유럽 극우파가 증폭시킨, 세심하게 계획된 러시아 선전선동 활동이 근본 원인이다. 그리고 점차 이러한 네

• 경제·정치 등 사회 전반에 걸쳐 선진국이라고 평가되는 국가들을 글로벌 노스(Global North), 그렇지 않은 국가를 글로벌 사우스(Global South)로 범주화하는데, 글로벌 사우스에는 아프리카, 라틴아메리카, 아시아(한국, 일본, 이스라엘 제외) 등이 포함된다.

트워크에 편승한 다른 많은 독재 국가가 유사한 담론 통제를 달성하기 위해 똑같은 전술과 언어를 사용해 자국의 비자유주의 정권을 홍보하려는 노력도 그 원인으로 작용한다. 말하자면 반민주적 수사가 전 세계적으로 확산되는 중이다.

중국은 가장 부유한 독재 국가여서 그런지, 아니면 중국 지도자들이 사람들에게 들려줄 좋은 이야기가 자신들에게 있다고 진심으로 믿어서인지, 가장 많은 국가와 가장 광범위한 채널을 통해 전 세계에 자국을 선전하기 위해 엄청난 노력을 기울였다. '하드' 군사력도, '소프트' 문화력도 아닌 '샤프 파워sharp power'라는 용어를 고안한 분석가 크리스토퍼 워커는 문화, 언론, 학계, 심지어 스포츠 등 다양한 영역에서 감지되는 중국의 영향력 확대 운동을 설명하기 위해 이 용어를 고안했다.[30] 중국 공산당의 가장 중요한 영향력 프로젝트인 '통일 전선'은 교육 및 교류 프로그램을 제작하고,[31] 중국 망명자 커뮤니티를 통제하고, 중국 상공회의소를 설치하고, 악명 높은 공자학원을 전 세계 학술 기관에 설치해 운영하는 것을 돕고 있다. 독일 정부가 운영하는 괴테 인스티투트나 프랑스의 알리앙스 프랑세즈와 달리, 애초에는 건전한 문화 기관으로 인식되던 공자학원은 낮은 비용이나 무료로 중국어 수업과 교수를 제공했기에 많은 대학에서 환영받았다. 그러나 차츰 시간이 흐르면서 미국 대학에서 공부하는 중국인 학생들을 감시하고, 티베트나 타이완에 대한 공개 토론을 차단하려 했다. 일부는 중국 역사와 정치를 다루는 교육을 중국의 담론에 맞게 변경하는 등 의심을 불러일으키는 활동을 했다. 미국에서는 공자학원이 대부분 해체되었지만, 다른 많은 지역에서 여전히 번창하고 있으며, 아프리카에만 수십 군데가 설립되어 있다.[32]

이처럼 더 교묘해진 수법은 70억~100억 달러로 추산되는 중국의 막대한 투자 덕분에 국제 매체에서 한층 더 강화되고 있다. 국가에서 상당한 자금을 지원받고 있는 신화통신, 중국국제텔레비전CGTN, 중국국제방송CRI, 중궈르바오中國日報, China Daily 웹 포털은 여러 언어와 여러 지역의 소셜미디어 계정을 운영하고 있으며, 콘텐츠 판매·공유·홍보 활동을 한다. 이 매체들의 뉴스와 동영상은 전문적으로 제작되고, 막대한 보조금을 지원받으며, 서구 언론사보다 제작 비용이 적게 든다.[33] 그리고 중국과 그 우호국들을 늘 긍정적으로 묘사한다. 케냐, 나이지리아, 이집트, 잠비아 같은 아프리카 국가들과 유럽, 아시아, 아프리카의 수백 개 언론사가 이 매체들의 콘텐츠를 사용한다. 이 매체들의 지역 허브는 나이로비에 있는데, 현지의 저명한 언론인을 고용해 아프리카어로 콘텐츠를 제작하며, 아랍어, 영어, 프랑스어, 스페인어, 러시아어, 중국어 버전도 만든다.

현재 이 같은 중국 소유의 채널들에서 방송하는 내용은 너무

뻔하고 지루한 경향이 있어서 시청자가 그리 많지 않다.[34] 하지만 더 볼 만한 중국 텔레비전 채널도 등장하고 있다. 중국과 연계된 반半 민영 위성TV 회사인 스타타임스는 현재 아프리카 30개국에서 가입자 1300만여 명을 확보했다. 서양 콘텐츠는 위성으로 시청할 수 있지만 추가 요금이 부과되기에, 월 몇 달러에 불과한 저렴한 요금을 받는 스타타임스가 소비자들에게 인기가 높다. 스타타임스는 뉴스뿐만 아니라 쿵푸 영화, 드라마, 중국 축구 슈퍼 리그 등 중국 콘텐츠를 우선적으로 제공하며, 대사와 해설은 하우사어와 스와힐리어 같은 아프리카 언어로 번역된다.[35] 이 업체는 남아프리카공화국 위성TV 회사의 지분을 인수하고 잠비아 국영 방송사와도 협력 관계를 맺었다. 이런 방식으로 뉴스가 아닌 엔터테인먼트에서도 중국을 긍정적으로 묘사하는 메시지를 전달할 수 있다.

많은 서구 매체와 달리 이런 매체들은 서로가 협력할 뿐만 아니라 중국 정부와도 직접적으로 협력한다. 중국은 국내와 국외를 막론하고 선전·검열·외교·매체를 별도의 영역으로 분리하거나 별개의 활동으로 간주하지 않는다. 외국 언론사에 대한 법적 압력, 외국 웹사이트 차단, 외국 언론인을 겨냥한 온라인 트롤링trolling• 작

• 고의적으로 선동적이거나 주제에 벗어난 엉뚱한 내용을 올려 사람들의 감정적 반응을 일으키는 행위. 그런 일을 하는 사람을 '트롤'이라고 한다.

전, 사이버 공격 등, 이 모든 일이 특정한 조직을 약화하거나 특정한 담론을 홍보하기 위한 작전의 일환으로 전개된다. 중국 공산당은 학생회와 무역 단체를 이용해 메시지를 보내고, 현지 언론인을 위한 교육 과정이나 생활비를 제공한다. 심지어 휴대폰과 노트북까지 제공한다.[36] 이 또한 명백한 전략의 일환이다. 중국 선전가들은 그들의 관점이 현지 언론에 기명기사와 함께 게재되는 방식을 선호한다. 그들은 이런 과정을 '차선출해借船出海(배를 빌려 바다로 나가다)' 전략이라고 부른다.[37]

이러한 기조로 중국은 다른 독재 국가의 언론 매체와도 공개적으로, 혹은 은밀하게 협력한다. 차베스 시대에 출범한 텔레수르는 이론적으로는 다국적 방송사이지만, 실제로는 본사가 카라카스에 있고 협력 국가는 니카라과와 쿠바다. 텔레수르의 일부 콘텐츠는 좌파 성향의 지역 시청자를 끌어들이기 위한 것으로 보인다. 거대 농업 다국적 기업인 몬산토에 대한 빈번한 공격 등이 그러한 예다. "미국과 아르메니아의 합동 군사 훈련은 지역 안정을 저해한다"라든지, "러시아는 유럽에서 팽창주의를 실행할 의향이 없다"와 같이 라틴아메리카에서는 호소력이 그다지 크지 않아 보이는 헤드라인도 파트너가 선별한 해외 뉴스로 텔레수르에 올라오는데, 이 두 기사는 2023년에 신화통신에서 직접 가져온 것이다.[38] 이란은 다른 형태의 관련 콘텐츠를 원하는 시청자를 위해 이란의 국제 서비스인 프레스TV의 스페인어 버전인 이스판TV도 제공하는데, 이 서비스는 공개적 반유대주의와 홀로코스트 부정주의Holocaust denialism에 더 크게 비중을 둔다. 2020년 3월의 한 헤드라인은 "신종 코로나바이러스는 시오니스트 음모의 결과"라고 선언했다.[39] 스페인은 이스판TV를 금지했고, 구글은 유튜브에서 이 서비스를 차단했지만, 중동에서 아랍어 버전인 알알람이 널리 이용되는 것처럼 라틴아메리카 전역에서 이 서비스를 쉽게 이용할 수 있다.

RTRussia Today는 텔레수르나 프레스TV보다 인지도가 높으며, 아프리카에서는 중국과 더 밀접한 관계를 맺고 있다.[40] RT는 우크라이나 침공 이후 위성 네트워크에서 채널이 삭제되어 여러 아프리카 국가에서 한동안 사라졌다. 그러나 중국 스타타임스 위성이 이 채널을 수신한 뒤로 다시 등장했다. 그러더니 특히 러시아의 반서방, 반성소수자와 같은 '전통적' 메시지를 전달하고 모방하기를 열망하고, 비판적 보도나 탐사 보도가 배제되는 것을 반기는 독재자들이 운영하는 국가를 중심으로 아프리카 대륙 전역에 지사를 설립하고 관계를 구축하기 시작했다. 알제리 정부는 프랑스 국제채널인 프랑스24의 기자들은 압제했지만, 현재 이 나라에서 RT는 환영받는 것으로 보인다.[41] RT 본부는 남아프리카공화국에 설립되는 중이다.[42] RT 악투알리다드와 RT 아라비크는 라틴아메리카와 중동 지역 주민들에게 다가가려 애쓰고 있다.

TV 채널만이 아니다.[43] RT는 프레스TV, 텔레수르, CGTN과 마찬가지로 러시아와 다른 국가들이 이러한 목적을 위해 구축한 소셜미디어 네트워크, 실제로는 쇼케이스이자 제작처이자 인적 네트워크를 통해 확산될 수 있는 동영상 클립의 출처에 가깝다. 2016년, 상트페테르부르크에 본사를 두고 당시 예브게니 프리고진 이 이끌던 인터넷 연구 기관이 미국 유권자들을 혼란스럽게 만들 기 위한 자료를 쏟아냈을 때, 이 네트워크의 작동 방식에 대해 미국 인들은 자세히 알게 되었다. 구체적으로 말하면 다음과 같은 방식 이다. 러시아 소유의 페이스북과 트위터 계정이 미국인인 것처럼 가장해 트럼프에게 유리하도록 고안된 반이민 구호를 퍼뜨렸고, 힐러리 클린턴을 공격한 '흑인의 생명도 중요하다Black Lives Matter' 라는 이름의 가짜 좌파 계정을 운영했다. 이들은 무슬림이 거의 살 지 않는 지역에서 반무슬림 히스테리를 조성했다.[44] 심지어 아이다 호주 트윈폴스에서 난민 반대 운동을 성공적으로 이끈 '안전한 국 경Secured Borders'이라는 페이스북 그룹을 생성하기까지 했다.[45]

이런 종류의 전술은 2016년부터 확산되었다. 현재 아프리카의 신화통신, RT 지사, 텔레수르, 프레스TV는 주식회사 독재정치의 세계관을 홍보하는 기사와 구호, 밈과 담론을 생산하고 있다. 그런 뒤 이것들은 여러 국가의 진짜 네트워크와 가짜 네트워크를 통해 반복·증폭되고, 여러 언어로 번역되며, 현지 시장에 맞게 재구성된다. 이곳들에서 생산되는 자료는 대개 정교하지도 않고 큰 비용이 들지도 않는다. 이를 사용하는 정치인, '전문가', 미디어 그룹은 실존할 수도 있고 가상의 존재일 수도 있다. 후자는 때때로 도둑정치 기업들처럼 유연한 회사법을 이용해 소유권을 숨긴다. 요컨대 자금 세탁이 아니라 정보 세탁이다. 독재자들이 국내에서 사용하는 것과 동일한 이야기를 퍼뜨려 민주주의를 퇴보와 혼란으로 이끌고, 민주주의 제도를 약화하며, 민주주의를 증진하는 활동가뿐만 아니라 체제 자체를 오염시키는 것이 이런 행위의 목표다.

2022년 2월 24일, 러시아가 우크라이나를 전면적으로 침공하면서 허황된 생물학전 이야기가 인터넷에 퍼지기 시작했다. 러시아 국방부와 외무부 대변인은 미국이 자금을 지원하는 우크라이나의 비밀 생물학 연구소biolab에서 박쥐 바이러스를 실험하고 있다고 진지하게 선언했다.[46] 터무니없을 정도로 근거 없는 이 이야기는 즉각적으로, 그리고 반복적으로 반박되었다. 하지만 큐어넌QAnon〔미국의 극우 정치 음모론 및 운동의 일종〕의 네트워크와 연결된 미국의 한 트위터 계정(@WarClandestineP)이 이 이야기를 트윗하자 리트윗과 조회수가 수천 건에 이르렀다. 그러자 해시태그 #biolab이 트위터에서 유행하기 시작했고 조회수가 900만 회가 넘었다. 계정이 정지된 후에도—이 계정은 나중에 실존 인물인 미국 국가방위군 퇴역 군인의 계정으로 밝혀졌다―사람들은 계속해서 스크린샷을 올렸다.[47] 이 이야기의 어떤 버전은 샌디 후크의 비극적인 학교 총격 사건에 대한 음모론을 퍼뜨린 혐의로 고소된 알렉스 존스가 만든 음모론 사이트 인포워스에 게재되기도 했다. 당시 〈폭스 뉴스〉의 진행자였던 터커 칼슨은 러시아 장군과 중국 대변인이 반복해서 비난하는 영상을 보여주며 바이든 행정부에 "거짓말 그만하고 무슨 일이 일어나고 있는지 밝혀라"라고 요구했다.[48]

중국 정부에서 지원하는 중국 관영 언론도 이 이야기에 힘을 실어주었다. 중국 외교부 대변인은 미국이 우크라이나의 생물학 연구소 26군데를 통제하고 있다면서 러시아 동료들의 주장을 다음과 같이 그대로 전달했다.[49] "러시아는 군사 작전을 펼치는 동안 미국이 이러한 시설을 이용해 생물학적 군사 계획을 수행한다는 사실을 발견했다." 신화통신은 "미국 주도의 생물학 연구소, 우크라이나와 그밖의 국가에 잠재적 위협", "러시아, 미국에 우크라이나 내 생물학 연구소의 설립 목적 설명 촉구" 등 다양한 헤드라인을 달았다.[50] 미국 외교관들은 이러한 보도에 단호하게 반박했지만,[51] 중국 언론은 줄기차게 그 내용을 퍼뜨렸다. 중국과 콘텐츠 공유 계약을 맺은 아시아, 아프리카, 라틴아메리카의 언론 매체들도 마찬가지였다. 텔레수르,[52] 프레스TV, RT의 다양한 언어 서비스[53]도 같은 행동을 했다.

중국이 이 이야기에 관심을 보인 이유는 중국의 최근 역사를 모호하게 만들고, 코로나19의 진원지인지도 모르는 우한의 한 곳을 비롯해 자국에 존재하는 위험한 생물학 연구소를 조사할 필요성을 덜어주는 데 도움이 되기 때문이다. 코로나19 백신 접종 반대 음모론을 조장한 큐어넌 네트워크 역시 미국의 의료 과실에 대한 자신들의 거짓 담론에 부합하기 때문에 이 생물학 전쟁 음모에 이끌렸을 수 있다. 그러나 러시아, 중국, 미국의 극단주의자라는 세 출처 모두 다른 여러 주제와도 상관이 있다. 우크라이나 침공 이후, 그들은 우크라이나를 '나치'로 묘사하는 것에서 우크라이나가 CIA가 운영하는 괴뢰 국가라는 주장에 이르기까지 그 전쟁을 다룬 러시아의 온갖 선전을 반복했다. 이러한 주제는 아프리카, 아시아, 라틴아메리카의 언론 매체와 소셜미디어에서 먹이사슬의 여러 연결고리를 따라 퍼져나갔다.

이 공동의 노력은 성공적이었다. 그 결과 우크라이나에 대한 국제적 연대를 형성하고 러시아 제재를 시행하려는 미국 주도의 노력이 힘을 잃었다. 미국 내에서는 미국 여론을 통합하려는 바이든 행정부의 노력을 물타기 하는 데 도움이 되었다. 한 여론조사에 따르면, 미국인의 4분의 1이 생물학 연구소 음모론을 사실이라고 믿었다.[54] 러시아와 중국은 일부 미국인과 유럽인의 도움을 받아 베네수엘라와 이란, 그외 많은 국가가 조연 역할을 하는 국제적 반향실echo chamber*을 형성했다. 이 반향실에 속한 사람이라면 누구나, 항상 다른 출처에서 나오며 진실이라는 인상을 만들기 위해 서로를 기반으로 삼아 반복되는 생물학 연구소 음모론을 여러 번 들었을 것이다.

반향실 외부에 있는 사람들, 혹은 신화통신과 콘텐츠 공유 계약을 맺지 않은 언론 매체를 택한 사람들도 이 이야기를 들었다. 이는 주식회사 독재정치가 메시지를 확대하기 위해 사용하는 다른 은밀한 경로 때문이었다.

이러한 경로 중 하나는 밀라노에서 설립되어 2014년에 에콰도르로 이전한 웹사이트 프레센차와 같은 조직을 통해 연결된다. 프레센차는 "평화와 비폭력에 관한 뉴스를 전문으로 다루는 국제 통신사"라고 자사를 소개하며 8개국 언어로 기사를 게시한다. 실제로 우크라이나의 생물학 연구소에 관한 기사를 게시하기도 했다. 그러나 미국 국무부 국제참여센터GEC에 따르면 프레센차는 러시아 회사 세 곳이 운영하는 러시아 프로젝트다.[55] 이들은 모스크바에서 기사를 작성하고 스페인어로 번역한 다음, 중국이 하는 방식을 모방해 라틴아메리카의 '현지' 사이트에 게시해 현지 업체처럼 보이

• 소리가 메아리처럼 반복해서 울리도록 만든 방. 자신의 신념과 일치하는 정보만을 반복적으로 수용·소비함으로써 기존의 신념이 더욱 강화되는 현상을 '반향실 효과(echo chamber effect)'라고 한다.

게 한다. 프레센차는 이러한 의혹을 부인했고, 우크라이나 출신이라고 주장하는 소속 기자 올레그 야신스키는 체 게바라를 인용하며 "미국의 전 지구적 선전선동 장치"에 대한 반격에 나섰다.

알라뉴스도 프레센차와 마찬가지로 자사를 독립적인 회사라고 홍보한다. 영국에 등록된 이 아랍어 언론사는 유명인 인터뷰를 비롯해 그럴싸하게 제작된 동영상을 매일 300만 명의 팔로워에게 제공한다. 다른 매체에서 생물학 연구소 의혹을 한창 제기하던 2022년 3월, 이 사이트는 가장 선정적인 버전의 동영상을 게시했다. 그 동영상에는 우크라이나가 철새를 생물학적 무기의 운반 수단으로 이용하려 한다는 내용이 포함되었다. 철새를 감염시킨 뒤 러시아로 보내 질병을 퍼뜨릴 계획이라는 주장이었다.

이 황당한 이야기는 알라뉴스가 만들어낸 것이 아니다. 러시아 국영 언론이 먼저 보도했고, 스푸트니크Sputnik의 아랍어 웹사이트와 RT의 아랍어 웹사이트가 그 뒤를 따랐다. 유엔 주재 러시아 대사는 "생물학 조류 의혹"에 대한 장문의 공식 성명을 발표하고, "우크라이나에서 통제되지 않은 생물학 물질이 확산됨으로써 유럽 국가 국민들에게 생물학적 위험이 실제로 초래될 수 있다"라고 경고했다.[56] 어떤 사람들은 이 의혹을 비웃었다. 우크라이나 젤렌스키 대통령은 2022년 4월에 키이우에서 진행된 인터뷰에서 동료들에게 생물학 조류 이야기는 몬티 파이튼*의 스케치를 떠올리게 한다고 말했다. 자칭 '독립' 언론사인 얄라뉴스는, 조롱의 대상이 되고 널리 반박된 이 이야기의 팩트체크를 했어야 했다.

그러나 얄라뉴스는 언론 기관이 아니다. BBC가 보도한 바와 같이, 이 사이트는 RT를 비롯한 여러 러시아 매체에서 생산한 자료를 퍼뜨리고 전파하기 위해 존재하는 정보 세탁소다. 얄라뉴스는 러시아군이 부차에서 우크라이나 민간인을 학살했다는 장면은 연출된 것이고, 젤렌스키는 술에 취한 채 텔레비전에 출연했으며, 우크라이나 병사들이 최전선에서 도주하고 있다는 주장을 게시한 바 있다. 이 회사는 런던에 주소지가 등록되어 있지만(이 주소는 다른 6만 5000개 회사가 공유하는 우편 주소다), '뉴스팀'은 시리아 다마스쿠스 교외에 있다.[57] 이 회사의 CEO는 두바이에 거주하는 시리아 출신 사업가로, BBC의 질문을 받자 자신은 '공정성'을 지키고 있다는 주장만 반복했다.

얄라뉴스가 러시아 및 시리아와의 연관성을 애써 감추려 하는 이유는 무엇일까? 우선 명목상 '영국 회사'이므로 시리아와 러시아에 가해지는 제재를 피할 수 있고, 따라서 페이스북이나 또다른 플랫폼에 동영상을 게시할 수 있다는 실용적 목적이 있을 것이다. 나

• 1969년에 결성된 코미디 그룹으로, 1969년부터 1974년까지 BBC에서 방영된 코미디 스케치 시리즈인 '몬티 파이튼의 플라잉 서커스'로 유명하다.

아가, 게시하는 동영상들의 출처인 러시아와 분리함과 동시에 '영국'이라는 정체성을 얻음으로써, 온갖 뉴스 출처를 의심하는 것으로 악명 높은 일부 지역에서 좀더 신뢰를 얻으려는 것일 수 있다.

이 분야에서 이상한 행동을 하는 업체가 얄라뉴스만은 아니다. 2023년에 아프리카에 설립된 온라인 뉴스 서비스 아프리칸 이니셔티브를 또다른 예로 들 수 있다.[58] 아프리카에서 서구의 공중 보건 활동에 대한 음모론을 퍼뜨리기 위해 특별히 고안된 이 기관은 모기가 옮기는 것으로 추정되는 신종 바이러스에 대한 소문에서 시작해, 서구의 보건 자선 활동의 신뢰를 훼손하는 활동을 계획했다. 러시아의 노력이 팬데믹 기간에 서양의 백신에 대한 불신 분위기를 조성하는 데 일조했듯이 서양의 의사, 병원, 자선가를 비방하고 서양 의학에 대한 불신 분위기를 조성하기 위한 활동이었다. 미 국무부의 국제참여센터는 이 프로젝트를 이끄는 러시아 대표가 누구인지 확인했으며, 여러 직원이 바그너그룹에서 아프리칸 이니셔티브에 합류했고, 말리와 부르키나파소에 각각 사무소를 두고 있다고 밝혔다.

유럽에서는 러시아의 또다른 선전 활동이 RRN이라는 형태로 진행되었는데, 이 회사 이름은 원래 'Reliable Russian News(신뢰할 만한 러시아 뉴스)'의 약자였다가 나중에 'Reliable Recent News(신뢰할 만한 최신 뉴스)'로 변경되었다. 러시아의 우크라이나 침공 이후에

세워진 RRN은 수사관들에게 '도플갱어'로 알려진 대규모 정보 세탁 작전의 일부로, 실제 매체 도메인 이름과 유사해 보이는 도메인 이름(예: Reuters.com 대신 Reuters.cfd)과 진짜처럼 들리지만 사실 사람들을 속이기 위해 만든 이름(예: Notre Pays 또는 Our Country)을 가진 웹사이트를 등록하는 회사다.[59] 이 회사는 짧은 기간에 유럽, 중동, 라틴아메리카에 300개가 넘는 사이트를 제작했다. 이런 사이트의 주소는 페이스북, 트위터, 틱톡 등 여러 소셜미디어의 게시물을 신뢰할 만한 것처럼 보이게 하는 데 사용된다. 예를 들어 사용자가 빠르게 스크롤을 하다보면 헤드라인이 독일 잡지《슈피겔》의 진짜 웹사이트인 Spiegel.de가 아닌 가짜 Spiegel.pro로 연결되는 것을 알아차리지 못할 수도 있다.[60]

러시아의 여러 회사가 운영하는 '도플갱어'의 활동은 매우 다양하다(프레센차와 연결된 일부 회사도 여기에 포함된다). 가짜 팩트체크 웹사이트뿐만 아니라, NATO 지도자들이 프랑스의 연금 시위를 진압하기 위해 우크라이나에 준군사력을 배치할 계획이라는 식의 내용이 담긴 가짜 보도자료를 진짜 보도자료와 동일한 글꼴과 디자인으로 작성해 '공개'하는 등 그 수법도 매우 다양하다. 11월에는 요원들—프랑스 정부는 '도플갱어'와 연관된 것으로 추정한다—이 가자 지구 전쟁에 대한 프랑스 여론의 분열을 증폭하기 위해 파리 곳곳에 스프레이로 '다윗의 별'을 그리고 사진을 찍어서 소셜미디어에 게시하기도 했다.

2023년 가을, RRN을 구축한 그 팀의 일부가 미국 내에서도 작업을 시작했다.[61] 바이든 행정부가 우크라이나 군사 원조를 위한 대규모 법안을 제안한 후, 러시아 전략가들은 요원들에게 "주요 도시의 교외에서 거주하는 사람들의 이름으로" 소셜미디어 게시물을 작성하라고 지시했다. 《워싱턴 포스트》의 보도에 따르면, 그들은 "미국이 우크라이나에 제공하는 군사 지원을 지지하지 않으며, 그 돈이 우크라이나가 아닌 미국의 국경을 방어하는 데 사용되어야 한다고 생각하는 미국인을 모방하는 방식을 취했다. 이 미국인은 바이든의 정책이 미국을 붕괴로 이끌고 있다고 생각한다." 그후 몇 달 동안, 젤렌스키가 요트 두 척을 소유했다는 악의적인 허위 주장에서 우크라이나의 부패에 관한 게시물에 이르기까지, 이런 종류의 게시물이 일부 소셜미디어 사이트를 압도하는 것처럼 보였다.

이 공격이 성공하고 일부 허위 기사가 그대로 받아들여진 부분적인 이유는 미국이나 우크라이나 같은 민주 국가가 혼란스럽고 부패했다는 생각, 말하자면 미국 공화당 지지자 일부에게 설득력 있는 생각과 연결되었기 때문이다. 공화당 상원 의원 톰 틸리스는 TV 인터뷰에서 이렇게 말했다. "허위 기사를 읽은 어떤 동료들은 우크라이나 원조를 둘러싼 의회 토론에서 '그 사람들이 이 돈으로 요트를 살 것'이라고 우려했습니다." 오하이오주 공화당원이자 하원 정보위원회 위원장인 마이클 터너 의원은 다른 인터뷰에서 "반 우크라이나·친러시아 메시지를 은폐하려는 시도가 러시아에서 직접 나오고 있으며, 그중 일부가 하원 회의에서 그대로 인용되는 것을 듣기도 합니다"라고 말했다.[62]

이렇게 생성된 이야기를 보고 그것들을 재게시한 사람들 대다수는 누가, 어디서, 왜 그런 것을 창안했는지 전혀 감을 잡지 못한다. 이것이 바로 문제의 핵심이다. 이러한 노력이 아무리 엉성해 보이더라도 RRN과 수많은 자매 조직의 배후에는 논리가 있다. 그 논리를 이제 주식회사 독재정치의 다른 구성원들이 연구해 모방하고 있다.

2018년, 태풍으로 일본 오사카 인근 간사이 국제공항에서 수천 명의 발이 묶였다. 그중에는 타이완에서 온 관광객도 있었다. 일반적으로 이런 종류의 이야기는 정치적으로 큰 의미가 없게 마련이다. 하지만 사건이 발생한 지 몇 시간 만에 잘 알려지지 않은 타이완 뉴스 웹사이트가 타이완 외교관들이 자국민 구조에 실패했다는 보도를 하기 시작했다. 이와 동시에 몇몇 블로거가 소셜미디어에 자국민의 신속한 탈출을 돕기 위해 버스를 보낸 중국 당국을 칭찬하는 글을 올리기 시작했다. 일부 타이완 관광객은 버스를 타기 위해 중국인 행세를 한 것으로 추정된다는 등, 사건에 대한 소문이

퍼졌다. 공항에서 촬영된 것으로 보이는 사진과 동영상도 유포되기 시작했다.

이 이야기는 빠르게 타이완 주류 언론으로 옮겨갔고, 언론인들은 정부를 공격했다. 중국 외교관들은 그렇게 신속하고 효과적으로 움직이는데, 타이완 정부는 어째서 그렇게 느리고 무능한가? 타이완의 언론 기관들은 이 사건을 국가적 망신, 특히 지도자들이 중국의 지원은 필요 없다고 선언한 타이완의 국가적 망신으로 묘사했다. "버스를 타려면 중국인인 척해야 한다", "타이완인, 중국 버스를 쫓아가다"와 같은 헤드라인이 신문을 장식했다. 분노에 찬 보도와 소셜미디어 공격이 절정에 달하자, 쏟아지는 비난과 실패에 수치심을 견디다 못한 어느 타이완 외교관이 스스로 목숨을 끊는 일마저 발생했다.[63]

그뒤 이루어진 조사 결과, 몇 가지 이상한 사실이 밝혀졌다. 이사건에 대해 열정적으로 글을 올렸던 사람들 중 상당수가 실존 인물이 아니었고, 그들이 올린 사진은 합성된 이미지였다. 처음 이 이야기를 퍼뜨린 정체가 모호한 웹사이트는 중국 공산당과 연계된 것으로 밝혀졌다. 동영상도 가짜였다. 무엇보다도 이상한 것은 중국 버스는 없었으며, 따라서 타이완이 특별한 실책을 저지른 것이 아니라는 점을 일본 정부가 확인해주었다는 것이다.

그럼에도 불구하고 타이완 언론인들과 뉴스 앵커들, 특히 중국

선동가들이 의도한 대로 타이완 집권당을 공격하는 데 이 사건을 이용하려는 사람들은 실패로 위장된 이 사건을 집요하게 물고 늘어졌다. 중국 정부에서 선호하는 담론을 선전하기 위해 소셜미디어의 익명성, 출처가 불분명한 '뉴스' 사이트의 확산, 타이완 정치의 양극화 등이 중국 정부의 다음과 같은 주요 담론 확산을 위해 활용되고 조장된 것이다. **타이완의 민주주의는 취약하다. 중국의 통치는 강하다. 비상시 타이완인들은 중국인이 되기를 원한다.**

러시아의 정보 세탁과 중국의 선전선동은 최근까지만 해도 이와 다소 달랐다. 중국은 티베트, 신장, 홍콩에서 중국이 세운 업적이나 중국의 담론을 설파하는 경우를 제외하고는 대개 미국 정치와 미국 정보 공간에서 벗어나 있었다. 타이완을 공격할 때도 신중하게 표적을 골랐으며, 때로는 정보 전술을 군사적 위협 또는 경제 제재와 결합하기도 했다. 반면 러시아의 노력은 마치 컴퓨터 해커 몇 명이 벽에 스파게티를 던져서 어떤 말도 안 되는 이야기가 붙는지 보는 것처럼 마구잡이 같았다.

이제 중국의 전술과 러시아의 전술은 서서히 서로 수렴하고 있다. 2023년, 하와이 마우이에서 엄청난 산불이 발생한 후 중국의 트롤들은 인공지능을 이용해, 화재가 미국의 비밀 "기상 무기"에 의해 발생했다는 것을 증명하는 사진을 합성했다.[64] 이러한 음모를 알아차린 사람은 거의 없었다. 하지만 이는 중국이 러시아 방식으로 실험하고 네트워크를 구축하고 더 많은 파괴 작전을 준비하고 있음을 보여주는 새로운 국면의 예고편이었다. 2024년 봄, 그때까지 중국어로 친중국 자료를 게시하던 한 중국인 계정 그룹이 MAGA('미국을 다시 위대하게') 상징을 사용하고, 바이든 대통령을 공격하는 글을 영어로 게시하기 시작했다.[65] 이들은 바이든이 죄수복을 입은 가짜 이미지를 보여주고, 그의 나이를 조롱하며, 그를 사탄주의 소아성애자라고 불렀다. 중국과 연결된 한 계정은 바이든이 우크라이나에 신나치 범죄자를 보냈다는 거짓말을 반복하는 RT의 동영상을 재게시했다. 이를 알렉스 존스가 소셜미디어에 재게시하자 40만 명 이상이 공유했다.

광범위한 지역을 아우르려는 야망을 품은 자들이 이들뿐만은 아니다. 베네수엘라에 있는 실제 계정과 자동화한 소셜미디어 계정이 2018년 멕시코 대선에서 안드레스 마누엘 로페스 오브라도르의 선거 운동을 홍보하며 작지만 흥미로운 역할을 했다. 주목할 메시지는 다음 두 가지 종류였다.[66] 하나는 멕시코의 폭력과 혼란을 보여주는 이미지, 즉 질서를 회복하기 위해 독재자가 필요하다고 느끼게 하는 이미지를 조장하는 것이었다. 다른 하나는 북아메리카 자유무역협정NAFTA과 미국에 대한 분노를 조장하는 것이었다. 베네수엘라에 기반을 둔 한 친러시아 트롤(한 분석가는 이들을 "좀비 계정의 군대"라고 불렀다)은 스페인에서도 함께 활동했는데, 특히

2017년 카탈루냐의 독립을 두고 치러진 불법 주민 투표에서 활동이 더욱 두드러졌다.[67] 카탈루냐의 분리주의 지방 정부가 스페인 법률에 법적 근거를 두지 않고 주최한 이 주민 투표가 경찰과의 시위와 몸싸움으로 얼룩지자, RT는 이것을 "카탈루냐 주민 투표에서 경찰이 자행한 잔인한 유권자 진압"으로 묘사했다. 이러한 헤드라인과 함께 "카탈루냐는 진압봉과 고무 총알 사이에서 운명을 선택한다"라는 선언을 통해 이 트롤은 스페인 국영 TV보다 더 많은 사람들에게 메시지를 전달하는 데 성공했다.

멕시코와 카탈루냐의 두 사례에서 소셜미디어 투자는 큰 비용이 들지 않는 일이므로, 조금이라도 도움이 되리라 판단되면 시도할 만하다고 여겼을 것이다. 로페스 오브라도르는 대통령이 된 후 민간 기업을 군에 넘기고 사법부의 독립성을 훼손하는 등 멕시코 민주주의를 후퇴시켰다.[68] 그는 우크라이나 전쟁에 대해 러시아가 내놓은 주장과 위구르인 탄압에 대해 중국이 내놓은 주장도 홍보했다.[69] 멕시코와 미국의 관계는 더욱더 나빠졌다. 이는 분명 중요한 문제다.

카탈루냐 이야기는 길고 복잡한 후일담을 남겼다. 스페인 정부가 불법 주민 투표를 무효화한 후 카를레스 푸이그데몬 전 카탈루냐 자치 정부 수반은 스페인을 탈출했다. 2019년, 그는 특사 조제프 류이스 알라이를 모스크바로 파견했다. 《뉴욕 타임스》 보도에 따르면, 그는 비밀 은행 계좌를 개설하고 독립 활동을 위한 자금을 조달하는 데 필요한 도움을 러시아 정부에 요청했다. 몇 달 후, 카탈루냐에서는 러시아 정보 기관의 지원을 받은 것으로 추정되는 시위대가 은행을 점거하고, 공항을 폐쇄하고, 프랑스와 스페인 사이의 주요 고속 도로를 차단하는 인위적이고 이상한 시위가 발생했다.[70]

멕시코와 카탈루냐의 경우 모두 러시아와 베네수엘라의 네트워크에서 새로운 무언가를 만들어낸 것은 아니다. 로페스 오브라도르는 멕시코 정치사에서 뼈가 굵은 순수한 멕시코 인물이지 외부 침입자나 러시아가 심은 스파이가 아니다. 스페인의 분열 역시 매우 오래되었고 실제로 있는 일이다. 카탈루냐 독립을 지지하는 사람과 반대하는 사람 모두 오랫동안 활동해왔다. 프랑스의 반유대주의는 반체제 정서와 마찬가지로 실제로 존재한다. 바로 이런 점이 중요하다. 독재자들의 정보 작전은 정치에서 이미 존재해온 분열과 분노를 더욱 과장하는 것이 목표다. 그들은 극단적 목소리가 더 극단적이고 폭력적으로 바뀌기를 바라며, 사람들이 국가에 의문을 제기하고, 권위를 의심하고, 최종적으로 민주주의 자체에 의문을 제기하도록 부추긴다.

이 새로운 선동가들은 혼란을 조장하기 위해 그들의 지도자들과 마찬가지로 이념, 기술, 감정 등 유용한 수단이라면 무엇이든 동원하려 할 것이다. 이 일에 함께하는 세력은 우익, 좌익, 분리주의자, 민족주의자 등 다양하며, 심지어 의학적 음모나 도덕적 공황 같은 형태로 나타날 수도 있다. 그 목적은 결코 변하지 않는다. 주식회사 독재정치는 세계 체제의 규칙을 새로 쓰기를 바란다.

4장

판을 새로 짜기

독재 국가들이 기존의 세계 질서를 어떻게 무너뜨리려 하는지 설명하기 전에, 그런 일이 어떻게 시작되었는지를 상기하는 편이 유용할 것이다.

제2차 세계대전 직후 아직 낙관적이던 시기인 1946년, 새로 출범한 유엔은 인권위원회UNCHR를 창설했다. 루스벨트 미국 대통령의 부인 엘리너 루스벨트가 위원장을 맡은 이 위원회는 '세계인권선언'의 초안 작성에 착수했다. 초안 준비위원회에는 캐나다 법학자, 프랑스 법학자, 레바논 신학자, 중국 철학자 등이 참여했다. 소련, 영국, 칠레, 오스트레일리아 대표도 참여했다. 나중에 인도 대표 한사 메타는 이 문서 제1조 "모든 사람은 자유로운 존재로 태어났고, 동등한 존엄과 권리를 가진다"에서 '사람'을 의미하는 영어 표기를 men 대신 human beings로 바꿔야 한다고 주장했고, 그 의견이 받아들여졌다. 초안 작성자들은 기독교 민주주의 운동, 유교, 자유주의 법률 전통, 그리고 성장하는 학문 분야이던 국제법의 영향을 받았다. 이들이 모든 문화와 정치 체제에 공통된, 일련의 원칙인 보편적 인권과 같은 것이 실제로 존재할 수 있다는 믿음으로 단결한 것은 대단한 일이었다.

이 문서가 비준된 1948년, 소련은 여러 소련 위성 국가들과 함께 반대표를 던졌다. 그러나 새로 유엔 회원국이 된 아프리카, 아시아, 라틴아메리카 국가들과 북아메리카 및 유럽 국가 대다수는 이 선언에 찬성표를 던졌다. 이 문서는 "인류 모든 구성원의 고유한 존엄성과 평등하고 양도할 수 없는 권리를 인정하는 것이 세계의 자유, 정의, 평화의 기초"라고 명시했다.[1] 또한 "인권에 대한 무시와 경멸이 인류의 양심을 분노케 하는 야만적 행위를 초래했다"라고 인정했다. 또한 이 문서는 "모든 사람은 생명과 신체의 자유와 안전에 대한 권리"를 가지고, "누구도 함부로 체포·구금·추방을 당해서는 아니 된다"라고 선언하고 고문과 노예 제도를 금지하는 등 여러 원칙을 천명했다. 나아가, "누구도 그의 사생활, 가정, 주거 또는 통신에 대하여 자의적인 간섭을 받거나 그의 명예와 명성에 대한 비난을 받지 아니한다. 모든 사람은 이러한 간섭이나 비난에 대하여 법의 보호를 받을 권리를 가진다"라고 선언했다.

이 같은 발상들은 다른 여러 조약과 다자간 기구의 기초가 되었다. 유럽에서 국경의 불가침을 인정하고 제2차 세계대전을 공식적으로 종결한 조약인 헬싱키 협약은 서명국들이 "인간 고유의 존엄성에서 비롯되는 시민적·정치적·경제적·사회적·문화적 권리와 자유의 효율적인 실행을 촉진하고 장려할 것"이라고 명시했다.[2] 미주기구OAS 헌장은 "대의민주주의는 지역의 안정과 평화, 발전을 위해 필수 불가결한 조건"이라고 선언했다.[3]

"규칙에 기반한 질서"로도 불리는 이 문서와 조약은 세계가 어떻게 작동**해야 하는지**를 설명하는 것이지, 실제로 어떻게 작동하는지를 설명하는 것은 아니다. 유엔의 '집단살해죄의 방지와 처벌에 관한 협약'은 르완다의 대량 학살을 막지 못했다. 제네바 협약은 베트남군이 미국 전쟁 포로를 고문하는 것을 중단시키지 못했고, 미국군이 이라크 전쟁 포로를 고문하는 것도 막지 못했다. 세계인권선언에는 중국, 쿠바, 이란, 베네수엘라처럼 인권 침해국으로 알려진 국가들도 서명했다. 유엔 인권위원회는 오래전에 웃음거리로 전락했다.

그럼에도 이 문서들은 현실 세계의 행위에 영향을 미쳤고, 지금도 여전히 영향을 미치고 있다. 1960년대에 소련 반체제 인사들은 크렘린 측이 서명한 조약의 인권 관련 문구를 지적하며 소련 정부를 당혹스럽게 하는 방법을 배웠다. 2010년대에 제네바 협약을 위반하고 이라크 전쟁 포로를 학대한 미국인들은 군법 회의에 회부되어 유죄 판결을 받고 군 교도소에 수감되었다. 2022년, 유엔 인권 고등판무관은 중국의 위구르인 탄압 관련 보고서를 발표하고, 대량 체포와 고문을 "반인도적 범죄"로 규정했다. 예상할 수 있듯이 중국은 이 문서가 "미국과 다른 서방 국가들의 정치적 도구로 이용된 거짓 정보의 짜깁기"라고 비난했다.[4] 그러나 그들은 국제 언론에서 이 같은 규탄이 사라지게 하거나 중국 내 반향을 전면적으로 차단하지는 못했다. 2023년, 국제형사재판소ICC는 수천 명의 우크라이나 어린이를 납치하고 추방한 혐의로 푸틴 대통령과 러시아 아동권리위원회의 마리야 르보바벨로바 위원에게 체포 영장을 발부했다. 러시아 정부는 이 사건을 의미 없다고 일축했지만, 영장 발부로 러시아 대통령은 국제형사재판소 조약에 서명한 국가를 방문할 때 체포될 위험에 처했다.[5] •

이런 성격의 결정을 막을 수 없는, 적어도 그런 결정을 다 막지는 못하는 독재 국가들은 이제 국제무대에서 이런 논의를 원천 차단하려 애쓰고 있다. 10여 년간 서방 지도자들이 다른 문제에 정신이 팔린 사이, 중국은 점진적으로 규칙을 재작성하는 것을 외교 정책의 중심 기둥으로 삼았다. 2017년, 시진핑은 중국 공산당 대회에서 "중국적 특성을 지닌 강대국 외교"의 "새로운 시대"를 공개적으로 선언했다.[6] 그리고 이 새로운 시대—"중화 민족의 위대한 부흥"의 시대—에 중국은 "글로벌 거버넌스 시스템의 개혁을 주도하는

• 2024년 9월 초, 푸틴이 몽골을 방문했을 때 국제형사재판소는 푸틴을 체포하라고 촉구했지만 몽골은 이를 실행하지 않았다.

데 적극적으로 참여"하려고 나섰다. 이 말이 실제로 의미하는 바는 중국이 국제기구에서 인권과 민주주의의 언어를 삭제하는 작업을 주도하고 있다는 것이다. 법학자이자 중국 전문가인 안드레아 워든은 "중국 공산당이 새로운 세계 질서의 주도권을 잡는 데 필요한 도덕적 정당성, 존중, 인정을 얻으려면 서구 보편적 인권의 위협을 제거해야 한다"라고 지적했다.[7]

중국은 외부 단체와 독립 기관이 감시하고 국제 기준에 따라 가늠할 수 있는 **인권** 대신 각국 정부만이 정의하고 측정할 수 있는 **발전권**을 우선순위에 두려 한다. 또한 **주권**이라는 단어를 매우 중시하는데, 이 단어에는 많은 의미가 내포되어 있으며 그중 일부는 긍정적이기도 하다. 그러나 국제 제도의 맥락에서 보면, '주권'은 독재자가 유엔 기구나 독립적인 인권 감시 기관의 지적, 자국민의 정책 비판에 반발하고 싶을 때 주로 사용하는 단어다. 이란 정권의 초법적 살인에 대해 누군가 항의하면, 이란 종교 지도자들은 '주권'을 외친다. 중국 정부의 홍콩 시민 탄압을 누군가 비판하면, 중국도 '주권'을 내세운다. 세계인권선언 제1조를 누군가 인용하면, 권위주의적 주권 옹호자들은 그런 표현을 서구 제국주의의 증표라며 일축한다. 이 용어의 통상적인 의미에 푸틴은 다른 의미를 약간 첨가했다. 그가 정의하는 주권에는, 국내에서는 국민을 탄압하고 해외에서는 다른 국가를 침략할 권리가 포함된다. 이 특권은 극소수

강대국만이 누릴 수 있는 권한이다. 2017년, 푸틴은 "전 세계에서 주권을 가진 국가는 많지 않다"라고 말한 바 있다.[8] 그가 말한 맥락을 보면 러시아는 주권을 가지고 있지만 유럽 국가들은 그렇지 않다고 믿는다는 것이 분명히 드러난다.

중국은 주권을 보호하기 위해 다른 종류의 언어도 바꾸려 한다. 중국은 유엔과 다른 국제기구에서 '정치적 권리'나 '인권' 대신에 **상생 협력**—각국이 고유의 정치 체제를 유지하면 모두에게 이익이 된다는 의미—을 이야기하고 싶어한다. 중국은 또한 모든 사람이 **상호 존중**—누구도 다른 누군가를 비판해서는 안 된다는 의미—을 널리 쓰기를 바란다. 이런 표현들은 의도적으로 덤덤한 느낌을 주고 위협적이지 않다. 누가 '상생 협력'이나 '상호 존중'을 반대하겠는가?

중국은 유엔 문서에 이러한 표현을 삽입하기 위해 열심히, 정말로 아주 열심히 애쓰고 있다. '상생 협력', '상호 존중', '주권'과 같은 언어가 우세해지면, 인권 옹호자, 국제 조사위원회, 티베트와 홍콩과 신장에서 수행되는 중국 정책에 대한 대중의 비판은 아무런 힘을 발휘할 수 없다. 그렇게 되면 이미 제한적으로 유지되는 유엔의 회원국 조사 권한이 더욱 축소될 것이다.

중국이 유엔 내에서 외교관들과 관료들의 대화 방식을 바꾸려고 애써왔다면, 러시아는 전 세계의 대중적 대화를 바꾸는 데 주력해왔다. 상생이 좋은 말로 들린다면, 러시아 정보 네트워크가 현재 선호하는 단어인 **다극성**은 더 큰 호소력을 발휘할 수 있다. 다극 세계는 그들이 무너뜨리고자 하는 미국 중심의 세계 또는 미국 패권주의와 달리 공정하고 평등하다는 느낌을 준다. 이 단어는 특히 과거에 비해 국제적 영향력을 지닌 국가가 더 늘어났다는 생각을 중립적으로 표현할 때 자주 사용되며, 이것은 단순히 정확한 관찰의 결과이기 때문에 사용하기에도 편리하다. 안토니우 구테흐스 유엔 사무총장은 2023년에 "우리는 다극화 세계로 나아가고 있습니다"라고 말했다.[9] 이런 생각이 완전히 새로운 것은 아니다. 언론 비평가 파리드 자카리아는 이미 15년도 더 전에 새로운 글로벌 강대국의 세력 확장을 뜻하는 "나머지 강대국의 부상rise of the rest"을 다루는 책을 출간했다.[10]

이 단어는 보편적 가치의 종말에 대해 최근 러시아가 펼치는 담론의 일부로서, 마치 이전에 억압받던 국가들이 압제자를 제거했던 것과 같은 마르크스주의적 반향을 막연히 일으키기도 한다. 이런 생각을 표현하기 위해 식민 강국이었던 러시아는 스스로를 과거 식민지였던 국가들의 지도자로 묘사한다. 러시아는 서구의 "퇴폐적"이고 "세계주의적"인 가치 강요에 맞서 싸울 것—분석가 이반 크위슈치가 "메시아적 다극성"이라고 부른 것—을 촉구한다.[11] 2022년 9월, 푸틴은 우크라이나 남부와 동부 지역의 불법 합병을 기념하는 행사에서 자신이 고문하거나 강제 수용소에 가둔 사람들은 언급하지 않고 "사탄적" 서구와 "타락과 멸종으로 이끄는 변태"로부터 러시아를 보호하고 있다고 주장했다.[12] 몇 달 후, 푸틴은 모스크바에서 열린 한 집회에서 이렇게 주장했다. "우리는 이제 러시아뿐만 아니라 전 세계의 자유를 위해 싸우고 있습니다. … 우리는 한 패권의 독재가—우리가 보고 있고, 모두가 목도하는 것처럼—쇠퇴하고 있다고 명징하게 말합니다. 그 체제는 그야말로 혼란에 빠졌고, 우리 주변에 있는 사람들에게 그저 위험할 뿐입니다."[13]

여기서 역설적인 점은, 러시아가 주변국에게 진정으로 위험한 존재이고 현재 스웨덴과 핀란드를 비롯한 대다수 러시아 이웃 국가들이 재무장하며 러시아의 식민 점령에 맞서 싸울 준비를 하고 있다는 것이다. 반식민주의 담론은 다른 곳에서도 역설을 생성한다. 바그너그룹의 러시아인 용병들은 2021년부터 말리에서 즉결 처형, 민간인에 대한 잔혹 행위, 재산 약탈 등의 혐의로 기소된 군사 독재정권의 집권을 도왔다.[14] 그 '다극화' 때문에 우크라이나와 마찬가지로 말리에서도 잔인한 백인 러시아 폭력배가 공공 생활에서 큰 역할을 하고 있는 것이다. 그럼에도 말리의 친러시아 웹사이트인 말리 악투Mali Actu는 독자들에게 "점차 다극화되는 세상에서 아프리카는 점점 더 중요한 역할을 하게 될 것"이라고 엄숙하게 선포한다.[15]

아무리 역설적이고 불길해도 **다극성**은 이제 전체 선전 활동의 기본 방침이 되어 영어, 프랑스어, 스페인어, 아랍어로 방송하는 RT에서 체계적으로 퍼지고 있다. 또한 얄라뉴스와 같은 정보 세탁 사이트, 싱크 탱크, 친러 언론인과 주식회사 독재정치 대변인 등이 반복해서 언급한다. 신화통신은 아프리카 연합이 G20에 가입한 것을 "다극 세계의 공격적 출현"의 증거라며 축하했다.[16] 중국국제텔레비전은 자국민을 학살하는 시리아 독재자 바샤르 알아사드의 사진을 수록한 웹 기사에서 "중국의 외교가 다극 세계에 활력을 불어넣고 있다"라고 시청자들에게 알렸다.[17] 베네수엘라의 마두로 대통령은 "전 세계 민중과 함께 투쟁의 깃발을 들고 단결해 나아가고자 열망하는 다극적·다원적 세계"에 대해 말했다.[18] 그는 중국을 방문했을 때 그 목적이 "협력의 유대를 강화하고 새로운 세계 지정학을 수립"하기 위함이라고 트위터에 올렸다.[19] 북한은 "다극화된 새로운 국제 질서를 구축하기 위해" 러시아와 협력하고자 한다는 의사를 표명했다.[20] 2023년, 에브라힘 라이시 이란 대통령은 라틴아메리카의 3대 독재 국가인 베네수엘라, 쿠바, 니카라과를 순방했을 때 "제국주의와 일방주의에 맞서는 것"이 순방의 목적이라고 밝히고, 이 나라들과 함께 민주주의와 보편적 권리에 대한 반대를 확실히 하겠다는 뜻을 표명했다.[21]

인권, 인간의 존엄성, 법치라는 언어에 대한 공격을 주도하는 국가들은 서서히 자신들만의 단체를 구축하고 있다. 상하이 협력기구SOC 회원국인 중국, 인도, 카자흐스탄, 키르기스스탄, 러시아, 파키스탄, 타지키스탄, 우즈베키스탄(아프가니스탄, 벨라루스, 이란, 몽골은 옵서버 자격으로 참가)은 서로의 '주권'을 인정하고, 서로의 독재적 행위을 비판하지 않으며, 상호 내정에 간섭하지 않기로 합의했다. 브릭스BRICS(브라질, 러시아, 인도, 중국, 남아프리카공화국의 약자로, 원래 골드만삭스의 한 경제학자가 신흥 시장의 사업 기회를 설명하기 위해 만든 용어)로 알려진 국가 그룹도 정기적으로 회의를 열고 새로운 회원국을 영입하면서 대안적 국제기구로 바뀌고 있다. 2024년 1월에 이란, 사우디아라비아, 이집트, 아랍에미리트, 에티오피아가 이 그룹에 합류하면서 모스크바와 베이징을 중심으로 한 새로운 세계 질서를 더 단단히 다지고 있다.

브릭스나 상하이 협력기구 같은 그룹은 때때로 실체가 없는, 말만 많고 기념사진이나 찍기 위한 연례 행사로 치부되기도 한다. 그러나 이 조직들은 어느 정도 실체가 있다. 이런 회의에 참여하는 지도자 모두가 독재자인 것은 아니다. 특히 브릭스는 통일된 정치적 입장은 없지만, 많은 지도자가 이 기구를 통해 국내에서 행사하는 제한받지 않는 권력을 전 세계로 확산하고 싶어한다. 기존의 기구가 '법의 지배rule of law'를 심어주기 위해 고안되었다면, 이 새로운 기구는 '법에 의한 지배rule by law' —이란, 쿠바 또는 전 세계 어디에서든 현재의 독재자나 여당 지도자가 말하는 '법'이 통치한다는 믿음—를 조장하기 위한 것이다. 기존의 보편적 권리 체계가 국가들의 실제 행위에 영향을 미쳤듯이, 이 새로운 체계도 깊은 영향을 미치고 있다.

민주주의 세계의 사람들은 '국제법'이나 '인권'이란 말을 들을 때 여전히 거리감이 느껴지고 직접적인 위협을 감지하지 못할 수 있다. 이 세계의 정치 체제는 러시아나 쿠바에 만연한 무법으로부터 자국민들을 보호한다. 또한 국제 사회가 공유하는 규칙과 규정, 예를 들어 해양법이나 항공 교통 관제사의 행동을 규율하는 규범도 분명히 존재한다. 그런데 2021년, 벨라루스의 독재자 알렉산드르 루카셴코는 이러한 기본 전제를 깨뜨렸다. 그리스 아테네에서 리투아니아 빌뉴스로 비행하면서 벨라루스 영공을 통과하던 아일랜드의 라이언에어 소속 여객기를 유럽 연합에 소속된 한 지역에서 다른 지역으로 우회하도록 벨라루스 항공 당국에 요청하는 전례 없는 기행을 벌인 것이다. 벨라루스 항공 교통 관제소는 조종사에게 비행기에 폭탄이 실렸다고 통보했다. 벨라루스 국영 언론에 따르면, 이 여객기는 벨라루스의 수도 민스크까지 미그전투기의 '호위'를 받았다.

그러나 폭탄은 없었고, 위협은 가짜였으며, 민스크가 가장 가까운 공항도 아니었다. 비행기가 착륙한 뒤 서둘러서 승객을 안전하게 대피시키지도 않았다. 이 기행의 진짜 목적은 두 승객이 끌려 나간 뒤에야 분명해졌다. 그들은 바로 벨라루스의 반체제 블로거 이자 언론인 로만 프로타세비치와 그의 여자친구 소피아 사페가였 다. 프로타세비치는 2020년에 민스크에서 일어난 대규모 반정부 시위에서 매우 중요한 공개 정보원이었던 텔레그램 블로그 채널인 넥스타Nexta의 최초 편집자 중 한 사람으로, 벨라루스를 떠나 망명 생활을 하고 있었다.[22] 벨라루스 정부가 망명자인 그를 '테러리스 트'로 규정했기에, 비행기가 하강하자마자 그는 자신이 표적임을 알아차렸다.[23] 그는 다른 승객에게 "나는 사형당할 것입니다"라고 말했다.[24] 벨라루스 정부는 그를 죽이지는 않았지만 많은 정치범에 게 그랬듯이 잔인한 심문, 고문, 고립 감금을 그에게 자행했다.[25] 결 국 그는 목숨을 구하기 위해 TV에 나와 기괴한 자백을 하고, 친구 들을 비난하고, 사페가를 외면했다.[26]

루카셴코가 대다수 승객이 유럽 시민인 데다 한 유럽 국가에 서 다른 유럽 국가로 가는 유럽 국가 소유의 유럽 등록 비행기를 기 꺼이 억류하고 위험에 빠뜨렸다는 것은 그가 유럽과 완전히 단절 할 작정이었음을 의미한다. 동시에 그가 독재 국가 세계로부터 경 제적·정치적 지원을 받을 것임을 완전히 확신하고 있었음을 보여 준다. 그의 자신감에는 충분히 근거가 있었다. 납치 사건 이후 서구 의 항의가 이어지고 벨라루스 국영 항공사의 유럽 영공 비행이 금지되었지만, 루카셴코가 더 큰 대가를 치르지는 않았다. 그를 처벌하거나 프로타세비치를 석방하게 할 만큼 영향력 있는 국제기구는 없었다. 벨라루스의 독재자는 '주권'과 그의 친구들에 의해 보호받았다. 사건 직후 RT의 책임자는 트위터에 이번 납치 사건을 저지른 벨라루스가 "부럽다"는 내용의 글을 올렸다. 그 책임자는 루카셴코가 이 일을 "멋지게 수행했다"라고 썼다.[27] 또다른 러시아 고위 관리는 이 납치를 "이해할 만하고 필요한 일"이라고 주장했다.[28]

이 사건이 독재 정권이 반체제 인사를 납치하기 위해 항공 교통 통제 절차를 남용한 첫 사례일 수는 있지만, 독재 정권이 국경을 넘어 자국민을 괴롭히거나 체포하거나 살해한 것은 이번이 처음은 아니다. 인권 단체 프리덤하우스는 이런 관행을 "초국가적 탄압"으로 규정하고 이에 해당하는 사례 600여 건을 수집했다.[29] 때로는 정보 요원이나 암살자가 이러한 범죄를 저질렀다. 러시아 군 정보부GRU 요원들은 영국 런던과 솔즈베리에서 크렘린의 적에게 방사능 독극물과 신경 작용제를 사용했다. 그들의 목표 대상은 살아남았으나, 실수로 한 영국 여성이 살해되었다. 러시아 정부가 파견한 또다른 암살자는 베를린 중심부에서 옛 체첸 전사를 살해했다.[30] 러시아 정부를 비판한 사람들과 러시아 기업인들은 인도,[31] 프랑스남부,[32] 워싱턴 D.C.[33]에서 계단이나 창문에서 떨어져 의문사했다. 이란은 지난 40여 년 동안 덴마크, 프랑스, 독일, 네덜란드, 스웨덴,

영국 등 유럽과 중동, 라틴아메리카, 미국 등지에서 이란 망명자들을 살해하거나 살해하려 시도했으며, 그 수는 지난 10년간 급격히 증가했다.[34] 2023년 1월, 미국 정부는 이란 정권을 노골적으로 비판해온 미국 시민권자 마시 알리네자드를 브루클린의 자택에서 살해하기 위해 이란 정부를 대신해 음모를 꾸민 혐의로 각각 아제르바이잔, 러시아, 조지아 출신의 범죄 조직원 세 명을 기소했다.[35]

때때로 독재 국가들은 이러한 노력을 서로 지원해 준합법적 형식을 갖추도록 도움을 주기도 한다. 예를 들어 상하이 협력기구 회원국들은 테러리즘, 분리주의, 극단주의에 공동으로 대처하기로 합의하고, 이런 단어를 상대 국가가 정의하는 방식대로 인정하는데 사실상 동의했다. 이를테면 중국이 어느 망명자를 범죄자로 규정하면 러시아, 카자흐스탄 또는 다른 회원국이 그를 중국으로 추방할 수 있다는 얘기다. 그런데 이러한 정의가 러시아와 중국의 압력을 느끼는 일부 혼성 민주 국가를 비롯해 더 많은 국가에 적용되기 시작했다. 태국은 상하이 협력기구의 회원국이 아닌데도 러시아 반체제 인사들을 구금하고 위구르인을 중국으로 추방했다. 최근까지 같은 무슬림인 데다 튀르크어를 쓴다는 동질감으로 위구르인을 지원했던 튀르키예도 위구르인을 체포하고 추방하기 시작했다. 한 위구르인 반체제 인사는 "중국에 대항하는 사람은 어디에 있든 위협을 받는다"라고 말했다.[36]

중국은 중국인 해외 인사들이 거주하는 장소도 샅샅이 추적하고 있다. 미국과 캐나다에 거주하는 중국 민주화 운동가들은 중국 요원들로부터 귀국을 종용당하거나 협박을 받기도 한다.[37] 일부는 전화나 온라인을 통해 협박을 받는다.[38] 중국에서 가장 유명한 민주화 운동가의 이름을 딴 웨이징성魏京生 재단의 상임 이사 황츠핑은 지난 10년 동안 워싱턴 D.C.에 있는 사무실이 10여 차례 침입을 받은 적이 있다고 말했다. 오래된 컴퓨터가 사라지고, 전화선이 끊기고, 우편물이 변기에 버려지는 식으로, 누군가 그곳에 있었다는 사실을 활동가들에게 알리려는 행동으로 추정되는 일들이 발생한 것이다. 2023년, FBI(미국 연방수사국)는 뉴욕에서 중국 시민과 반체제 인사들을 감시하기 위해 여러 사무실을 불법 중국 '경찰서'로 운영한 혐의로 두 사람을 체포했다.[39] 네덜란드 정부는 네덜란드에서도 불법 중국 '경찰서' 두 곳을 적발했다고 밝혔으며, 다른 중국 '경찰서'에 대한 소문과 제보도 이어지고 있다.[40]

작은 독재 국가들도 이런 행태를 따르고 있다. 2024년 2월, 칠레 형사로 위장한 남성 네 명이 칠레 산티아고에서, 망명한 전 베네수엘라군 장교 로날드 오헤다를 자택에서 납치해 살해했다.[41] 9일 후, 토막 난 그의 시신이 1.5미터 두께의 콘크리트 밑에 파묻힌 채 발견되었다. 르완다 정부는 최소 6개국에서 반체제 망명자들을 위협·폭행·살해한 적이 있다. 벨기에에서는 전직 정치인 시신이 운하에 떠올라서 발견되었고, 남아프리카공화국에서는 과거 군 지도자가 복부에 총을 맞고 죽은 채 발견되었다. 1994년 르완다 대학살 당시 1000여 명을 피신시켜 나중에 영화 〈호텔 르완다〉의 모델이 되기도 한 폴 루세사바기나는 폴 카가메 르완다 대통령과 충돌한 후 이민을 떠났다. 미국에 거주하던 그는 2020년에 유인당해 두바이에서 전용기에 탑승한 후 키갈리로 돌아왔고, 그 즉시 수감되었다.[42] 혼성 민주 국가인 인도도 전 세계에서 정치적 비판자들을 추적하기 시작했다. 2023년, 인도 요원들은 캐나다의 시크교 공동체 지도자인 하르디프 싱 니자르를 살해했으며,[43] 미국에서 또다른 인물을 살해할 음모를 꾸몄다는 혐의를 받고 있다.

이러한 공격의 주된 목적은 당연히 정치적 망명자를 제거하거나 협박하거나 무력화하는 것이다. 오늘날에는 멀리 떨어져 있어도 설득력 있는 비판자가 영향력을 발휘할 수 있다. 유튜브 채널이나 왓츠앱 그룹을 통해 그런 일을 할 수 있다. 혹은 정권이 어떤 조치를 취하더라도, 어떤 사람이 자신의 신념에 충실하게 행동해 희망의 상징적 존재가 되면 그런 영향력을 발휘할 수도 있다. 초국가적 탄압은 범죄가 발생한 국가의 법치주의까지 훼손한다. 대상 국가의 경찰은 서서히 폭력에 익숙해져서 결국 외국인에게 가장 큰 영향을 미친다. 망명자나 그 대의에 동정적이었던 정부 관계자들도 다른 업무가 많다보니 폭력에 무감각해지거나 무관심해진다.

현지 언론에서는 이런 이야기를 다루지 않거나, 다루더라도 산발적으로 다루는 데 그친다. 중국, 르완다, 이란을 **막을 도리가 없다**는 생각—이런 일들이 그들의 본성에서 기인했으며, 그들만의 방식이라는 생각—은 일종의 문화가 되기에 이른다. 민주 국가들은 심지어 자국 국경 내에서도 불법을 받아들이고 만다. 그들 역시 훨씬 큰 규모의 폭력을 이미 받아들이고 있기에 이는 그다지 놀라운 일이 아니다.

2018년 9월, 유엔은 시리아 북서부 지역 이들리브의 사태를 '완화de-escalation'하기 위해 개입했다. '완화'는 완곡한 표현으로, 외교관들이 전쟁을 멈출 수는 없지만 어쨌든 사람들의 생명을 구하기 위해 노력하는 것을 의미한다. 시리아는 2011년부터 줄곧 폭력이 난무하는 전쟁 지역이었다. 그해 시리아 독재자는 잔혹한 정권에 대항해 평화 시위를 벌이는 시민들을 탄압했다. 만약 이란 정부가 전투기, 자문단, 정보 수집 장비, 무기를 지원하지 않고, 또 2015년에 러시아군이 시리아 정권의 편을 들고 분쟁에 개입하지 않았다면, 알아사드는 내전에서 패배했을 가능성이 크다.* 베네수엘라와

---

* 이란과 러시아의 지원이 끊긴 알아사드 정권은 이 책의 원서가 출간된 후인 2024년 12월에 결국 붕괴했고, 알아사드는 러시아로 망명했다.

짐바브웨와 벨라루스의 독재자들이 선전선동, 감시 기술, 다른 독재 국가들의 경제 원조로 버텨왔다면, 알아사드는 러시아와 이란의 총알을 지원받는, 덜 섬세한 방식으로 정권을 지켰다.

알아사드를 무장 지원한 두 나라는 서로 다른 동기를 품고 있었다. 이란은 자국 인근의 이란 대리 세력, 즉 레바논의 헤즈볼라와 하마스, 그리고 팔레스타인·이라크·시리아의 기타 소규모 단체에 무기와 전투기를 지원하고 있었기에 시리아 영토로 접근할 필요성이 있었다.[44] 이스라엘을 향한 시리아의 적대감도 이란의 동기와 잘 맞아떨어졌다. 알아사드는 이란의 종교 전쟁에 전적으로 동조하지는 않았지만, 이 지역에서 또 하나의 지렛대이자 위협적인 인물이자 추가된 동맹 세력이었다.

푸틴은 분명 더 많은 것을 겨냥했다. 그는 시리아 봉기 이전에 발생한 '아랍의 봄'을 두려워했다. 또한 그 봉기가 자신이 러시아에서 일어날까 두려워하는 '색깔 혁명'과 너무 비슷해 보여서, 그리고 러시아인들에게 정치적 동원과 정치적 시위가 피비린내 나는 비극으로 끝난다는 것을 보여주고 싶어서 개입했을 수 있다. 더불어 러시아와 시리아의 오랜 관계를 유지하고, 중동에서 미국과 동등하게 경쟁할 수 있다는 것을 증명하기 위함이었을 수도 있다.[45] 러시아가 개입하기 2년 전, 버락 오바마 미국 대통령은 시리아 정부가 이란의 지원에 힘입어 제조한 화학 무기를 사용했는데도 자신이 이전에 했던 약속을 저버리고 개입을 거부했다.[46] 푸틴은 오바마를 압도하고 다극화와 새로운 세계 질서의 진정한 의미를 보여줄 기회를 포착했다. 그후 몇 년 동안 러시아·시리아·이란 군대는 온갖 규범과 국제법의 모든 요소를 위반하기 위해 공동으로 심혈을 기울였다.

그러한 시험 중 하나가 이들리브에서 벌어졌다. 당시 이들리브는 시리아 반군이 통제하던 몇 안 되는 지역 중 하나였다. 유엔은 '완화'의 일환으로 분쟁에 참여하는 모든 사람에게 병원과 의료 시설에 대한 공격을 멈추라고 요청했다. 유엔은 관련 건물을 보호하기 위해 이들리브에 있는 병원과 의료 시설의 정확한 좌표까지 러시아 정부에 제공했다. 그러나 러시아와 시리아의 조종사들은 병원을 보호하기는커녕 **유엔의 좌표를 이용해 병원 쪽으로 미사일을 유도했다.** 연이어 직격탄을 맞은 현장의 의료팀은 유엔과의 정보 공유를 중단했다.[47]

이 경악스러운 사태에 전 세계가 크게 놀랐다. 의료 자선 단체 국경없는의사회의 대표 조앤 리우는 이렇게 말했다. "오늘날 시리아에서는 비정상이 정상이 되었다. 용인할 수 없는 것이 용인되고 있다. 이러한 공격이 정상화되는 것은 용납할 수 없는 일이다."[48] 그럼에도 불구하고 상황은 정상을 되찾았다. 어떤 별다른 조치도 취해지지 않았고, 실제로 유럽과 북아메리카는 러시아의 병원 표적 공격을 용인했다. 전 세계는 유엔 호송대에 가해진 또다른 시리아

공군 공격도 용인했다. 그 공격은 "인도적 지원 물품 전달을 의도적으로 방해하고 구호 요원들을 표적으로 삼기 위해 치밀하게 계획되고 무자비하게 수행된" 것으로 유엔 보고서에서 묘사되었다.[49] 시리아에서 벌어진 대규모 폭력 사태는 광신적 극단주의 조직인 ISIS의 성장에 필요한 토대를 마련하는 데 도움이 되었다. 또 2023년 10월 7일에 자행된 이스라엘의 잔인한 하마스 공격에도 영향을 미쳤고, 하마스가 가자 지구의 병원을 은신처로 사용한 데에도, 그리고 가자 지구의 병원 및 민간 시설에 이스라엘이 공습을 감행하는 데에도 영향을 미쳤다. 팔레스타인의 유엔 구호사업국이 하마스 전사들의 은신처로 사용된 것으로 밝혀졌을 때 놀란 사람은 아무도 없었다. 이제 유엔은 안전보장이사회 회원국의 규칙 위반을 막을 수 없을 뿐만 아니라, 단체 직원들의 불법 폭력 행위도 더는 막을 수 없게 되었다.

시리아 내전은 또다른 형태의 선례도 제시했다. 분쟁의 한 당사자가 의도적으로 국제기구와 인도주의적 구호 활동가들을 전쟁 선전선동의 핵심으로 삼은 것이다. 시리아의 사린 가스를 비롯한 화학 물질 사용을 조사하던 화학무기금지기구OPCW를 비난하는 허위 사실을 퍼뜨리기 위해 거짓의 불쏘시개—실제로는 크렘린의 지원을 받으면서 언론인으로 위장한 작가들, 그리고 다른 운동에서도 익숙한 수천 개의 소셜미디어 계정—이 반복적으로 이용되

었다. 이들은 시리아의 공격 영상이나 증거가 가짜이거나 과장된 것이라고 주장했다.[50]

폭격으로 피해를 본 수만 명의 시리아인을 구출하고, 잔해에서 사람들을 구해낸 시리아 민간인 자원봉사자 3300명으로 구성된 '화이트헬멧'의 명예도 극좌·극우 성향의 영국과 미국 학자, 전문가, 트롤, 블로거 들로 강화된 네트워크에 의해 훼손되었다. 시리아 시민방위대SCD라는 공식 명칭으로 더 잘 알려진 화이트헬멧은 시리아 정부의 공격을 사진, 동영상, 개인 증언으로 기록하기도 했다. 2017년에 시리아 정부가 사린 가스를 사용했을 때, 한 화이트헬멧 자원봉사자는 "사람들이 완전히 의식을 잃고 쓰러져 경련을 일으키면서 호흡기와 입에서 거품이 나오는 것을 목격했다"라고 증언했다.[51] 화이트헬멧이 다른 평범한 사람들을 돕는 평범한 사람들이었고, 그 활동이 신뢰를 얻었기에 사람들은 그가 한 말을 믿었다. 이 사실을 인지한 러시아는 화이트헬멧을 조지 소로스, 알카에다와 번갈아 연관시키며 구조 작전이 "연출된 것"이라고 주장했으며, 기부자를 테러 지원자로 매도하는 등 신뢰를 떨어뜨리고자 했다.

화이트헬멧을 대상으로 한 러시아의 선전 활동은 수백만 명에게 영향을 미쳤다. 이는 특히 소셜미디어 회사가 무슨 일이 일어났는지 파악하기도 전에 러시아 선동가들이 알고리즘에 통달했기 때문이다. 2018년 4월, 유튜브 검색엔진에 화이트헬멧을 입력해보니 처음에 나오는 결과 10개 중에 7개가 RT에서 제작한 동영상 링크였다.[52] 이 영상들은 화학 무기의 사용 여부에 대한 의구심을 불러일으켰고, 설사 사용되었다 하더라도 시리아 정부가 아닌 시리아 반군에 책임이 있다고 주장했다. 엄청난 양의 모순되는 자료 역시 진실을 알 수 없다며 사람들을 설득하기 위한 것이었다. 하지만 또 다른 목적도 있었다. 러시아와 이란이 전쟁에서 승리하기 위해서는 화이트헬멧이 불러일으키는 연대감, 인간애, 희망의 감정이 아니라, 평범한 시리아인들은 절망과 무관심에 빠져 있어야 했고, 전 세계가 무력감을 느껴야 했다. 그들은 이러한 목적을 달성했다.

시간이 지나면서 유럽인들은 이 전쟁에 대해 말하기를 멈췄다. 그 대신 전례 없는 규모의 시리아 난민 유입 물결에 관심을 집중했다. 이 사태는 2015년 폴란드 총선을 시작으로 2016년 영국 브렉시트 국민투표, 2024년 유럽 의회 선거에 이르기까지 유럽 대륙의 정치를 불안정하게 만들었고, 일련의 유럽 선거를 좌우할 정도로 큰 영향력을 발휘했다. 이주민 증가에 대한 우려는 극우 트롤링 활동, 러시아의 선전 활동, 독재 국가에 뿌리를 두거나 자금을 지원하는 단체가 자행한 눈에 띄는 테러 공격들로 증폭되었다. 아랍 세계도 시리아의 폭력 사태를 용인했다. 2011년, 비무장 시위대에 발포한 혐의로 알아사드를 추방했던 아랍 연맹은 2023년에 결국 그를 다시 받아들였다. 러시아와 이란의 도움으로 정권을 구한 이 독재자는 정색하면서 "내정 불간섭"을 요구하며 재가입을 수락했다. 그는 "내정은 자국민이 가장 잘 관리할 수 있는 만큼 그 나라 국민에게 맡겨야 한다"라고 주장했다.[53]

2016년, 시진핑은 시리아 전쟁의 결과를 지지하면서 이란을 방문해 시리아 파괴를 도운 이란 정권과 새로운 협력 관계 수립을 발표했다. "우리는 상호 관계를 … 전략적 관계로 격상하기로 결정했다."[54] 한편 이란은 새로운 외교 정책 슬로건인 "동방으로의 전환"을 내세워, 중국이 이란산 석유와 이란의 석유 화학, 인프라, 통신, 은행 시장에 할인된 가격으로 접근할 수 있도록 허용하는 협정을 체결했다. 이 거래는 트럼프 행정부가 이란에 부과한 제재를 약화했는데,[55] 이것이 바로 핵심적 의도 중 하나다.

나아가, 시리아 전쟁은 새로운 형태의 군사 개입의 선례를 남겼다. 러시아 정규 군대와 이란 자문단 외에도 수많은 대리인과 용병, 국가와 연계되어 있으나 자체 자금원을 보유한(때로는 자발적 동기를 가진) 전투원들이 전장의 일부를 장악했다. 최초로 이러한 대리 전쟁을 맡은 세력이 바그너그룹이다. 여러 용병 단체의 법인명인 바그너그룹은 2014년에 처음 우크라이나 동부에서 전투를 위해 결성된 후 곧이어 리비아와 시리아로 파견되었다. 처음부터 바그너그룹은 러시아 정부로부터 직접적으로, 혹은 바그너그룹의 사실상 CEO였던 예브게니 프리고진과 맺은 계약을 통해 자금을 지원

받았다.[56] 바그너그룹이 스스로를 '민간'이라고 홍보했기 때문에 러시아는 바그너그룹의 활동과 관련된 사람들과 거리를 둘 수 있었다. 병사가 전투 중에 사망하더라도 '러시아군 병사'가 아니므로 국가가 이를 인정할 필요가 없었다. 일반 군인과 달리 바그너그룹 지휘관들은 개인적 이익을 위해, 때로는 장비와 탄약 비용을 충당하기 위해 자신들이 활동하는 지역에서 채굴 허가나 광물을 비롯한 기타 물품의 수출을 주선하는 사업 거래를 할 수도 있었다.

이란의 대리 전쟁 세력도 비슷한 역할을 한다. 헤즈볼라와 하마스는 예멘의 후티 반군을 비롯한 소규모 단체와 마찬가지로 용병 단체라기보다는 테러 조직으로 분류되지만, 운영 방식은 바그너그룹과 유사한 측면이 있다. 독재 국가들이 이념을 공유하지 않는 것처럼, 이란의 대리 전쟁 세력들도 바그너그룹과 이념을 공유하지는 않으며, 때로는 그들끼리도 이념을 공유하지 않는다.[57] 하지만 이들은 어떤 측면에서는 러시아를 닮았다. 바그너그룹과 마찬가지로 전문 군인을 모집하고, 사업상의 이권을 광범위하게 유지하면서 다양한 수준의 지원으로 선전 활동을 벌인다. 헤즈볼라는 레바논에서 정당을 운영하며 TV 시리즈와 프로그램을 제작한다.[58] 하마스는 2023년 10월에 이스라엘을 공격하기 전까지 가자 지구를 영토로 삼아 작은 독재 국가를 운영했다. 헤즈볼라에게서 훈련받은 후티 반군은 예멘의 한 지역을 장악하고 있을 뿐이지만, 이스라엘과 미국을 주적으로 삼는 글로벌 분쟁의 당사자로 스스로를 인식한다. 이들은 하나같이 국제 법규를 완전히 무시했고, 때로는 시아파와 수니파 사이의 갈등과 다른 종교적 분열을 극복할 만큼 강력한 급진주의 양상을 보였다.

무기, 비공식 병력, 선전선동꾼, 자문관 등이 포함되는 이런 군사·재정 지원 패키지는 다른 국가들에도 제공되고 있다. 2021년, 바그너그룹 용병들이 쿠데타로 집권한 군사 정권의 초청을 받아, 이슬람 반군 퇴치를 돕던 프랑스 군대와 또다른 군대를 대체하기 위해 말리에 도착했다. 말리에서는 쿠데타 이전에도 친러시아 매체, 친러시아 조직, 프랑스와 유엔에 대한 러시아식 정보 차단 활동이 등장했으며, 쿠데타 이후 러시아는 말리의 금광 세 곳을 비롯한 여러 자산에 접근할 권한을 얻었다.[59]

중앙아프리카공화국에서도 대통령이 반군 소탕을 위해 바그너그룹 부대를 불러들인 후 비슷한 상황이 전개되었다. 이제 바그너그룹 용병들은 대통령을 경호하고 적을 잔인하게 진압하고 있다.•

• 러시아의 우크라이나 침공 이후 프리고진은 바그너그룹의 용병들을 이끌고 우크라이나 공격에 앞장섰다가, 2023년 6월에 반란을 일으켜 모스크바 200킬로미터 앞까지 진격했다. 그 직후 벨라루스로 망명했다가 러시아로 돌아왔으나, 2023년 8월에 탑승한 전용기가 공중에서 폭발해 사망했다. 프리고진 사망 이후 바그너그룹은 사실상 러시아 정부로부터 직접 지휘를 받으며 아프리카 등지에서 이전에 하던 사업과 공작을 계속 벌이고 있다.

이들은 친러시아 선전물을 제작하는 라디오 방송국을 운영하면서 "신식민주의의 현대적 관행"을 비방한다.[60] 2022년 3월, 한 러시아 외교관은 중앙아프리카공화국의 친러시아 대통령이 임기 제한을 넘어 집권할 수 있도록 헌법을 변경하라고 중앙아프리카공화국 최고 법원에 지시했다.[61] 법원의 최고 판사가 이에 반대하자 그는 해임되었다. 이 같은 지원의 대가로 러시아는 기존 소유주를 협박해 광산 면허를 획득했고, 세금을 내지 않고 다이아몬드와 금, 목재를 수출할 권한도 얻었다.[62]

성공한 많은 스타트업의 창업자들과 마찬가지로, 바그너그룹의 아프리카 사업 초기 투자자들은 프랜차이즈 설립을 고려하는 것으로 보인다. 영국 왕립합동군사연구소RUSI의 한 팀은 현재 러시아가 현직 독재자와 앞으로 독재자가 될 사람들에게 제공하는 원조를 "정권 생존 패키지"라고 묘사했다.[63] 이 패키지에는 독재자 신변 보호, 정적에 대한 폭력적 공격, 반란 진압 지원까지 포함될 수 있다. 다극성과 반식민주의를 주제로 한 방송이나 소셜미디어 활동, 엘리트들의 자금 은닉 및 세탁을 돕는 도둑정치의 밀실 접촉(이는 러시아에도 도움이 될 수 있다) 등도 포함될 수 있다. 현지 독재자가 이 패키지를 받아들이면 민주적인 우호국으로부터 단절될 수밖에 없다. 권력을 유지하는 데 필요한 폭력과 억압 탓에 그 자신이 극심한 혐오의 대상이 되거나, 새로운 동맹국인 러시아가 미국과 유럽의 오랜 동료들과 관계를 끊으라고 요구하기 때문이다.

　어쩌면 앞으로 다른 독재 국가들도 이런 종류의 패키지에 기여할지 모른다. 중국은 해당 정권에 대한 제재를 누그러뜨리기 위해 투자를 제공할 수 있다. 이란은 흔들리는 민주주의 정부가 전복되는 것을 돕기 위해 이슬람 반란을 조직할 수 있다. 베네수엘라는 국제 마약 거래에 관련된 전문 지식을 제공할 수 있고, 짐바브웨는 금 밀수를 도울 수 있다. 이 모든 얘기가 지나치다고 생각할지 모르지만, 결코 그렇지 않다. 독재 국가들이 권력을 유지하기 위해 협력하고, 자신들의 체제를 홍보하기 위해 협력하고, 민주주의를 훼손하기 위해 협력하는 세상은 먼 미래의 디스토피아가 아니다. 우리는 지금 바로 그런 세상에서 살고 있다.

5장

민주주의자 깎아내리기

"최근 몇 년 동안 여러 독재 정권―내부에서 생겨났든 외부 지원을 받아 생겼든―은 저항하는 민중과 대결했을 때 붕괴하거나 흔들렸다."[1] 미국 학자 진 샤프의 유명한 책《독재에서 민주주의로From Dictatorship to Democracy》의 첫 문장이다. 그는 1950년대에 평화주의·시민권·반전 운동을 하다가 1990년대에 비폭력 혁명의 옹호자가 되었다. 마하트마 간디, 마틴 루서 킹, 헨리 데이비드 소로의 제자였던 샤프는 독재 정권이 살아남는 것은 독재자가 지닌 특별한 권력이나 성격 때문이 아니라, 그 통치를 받는 대다수 사람들이 무관심하거나 두려워하기 때문이라고 보았다. 사람들이 무관심과 두려움을 극복하고 독재자의 요구에 순응하는 것을 거부한다면, 독재자가 더는 통치할 수 없다고 그는 믿었다.

샤프는 이상주의자가 아닌 실용주의자였다. 그는 단순히 도덕적 근거에서만이 아니라, 폭력은 독재에 대항하는 데 비효율적인 수단이라는 이유로 다음과 같이 폭력에 반대했다. "폭력적 수단을 신뢰하는 것은 억압자가 거의 매번 우위를 점하는 바로 그 유형의 투쟁을 선택하는 것이다." 독재 정권에 맞서 무력을 사용하는 민주화 운동가들은 대부분이 패배한다고 그는 주장했다. 그들의 화력은 국가보다 약하고, 그들이 지닌 자원도 국가보다 적다. 그들은 군인을 모집할 능력도 거의 없다. 그 대신 사회 운동은 독재자의 "아킬레스건, 다시 말해 취약한 부분을 파악하는 것"에서 시작해야 한다. 저항 세력을 체계적으로 응집하고, 공포와 무관심에 맞서 싸우고, 정권에 저항하도록 사람들을 설득하고, 정권 지도자들의 정당성을 박탈해야 한다는 주장이었다. 목표는 정권을 잡되 평화적으로 잡는 것이었다.

《독재에서 민주주의로》는 버마 민주화 운동가들을 위한 입문서로서 1994년에 방콕에서 처음 출간되었다. 하지만 샤프의 제안은 거의 모든 곳에 적용될 수 있는 것이었기에 거기서 그치지 않고 결국 거의 모든 나라에서 여러 언어로 합법적으로 또는 불법적으로 계속해서 발행되었다. 이 책에서 가장 많이 복사된 부분은 198가지 비폭력·반권위주의 전술 목록이 수록된 부록이다. 거기에는 연설, 편지, 선언, 대중 청원, 저항가, 연극, 대자보, '경제적 비협조' 방법, 농민과 죄수의 파업, 느린 파업, 신속한 '번개' 파업, '병실 파업' 등 10여 가지 파업이 적시되어 있다. 연좌 농성, 기립 농성, 승차 거부, 논쟁에 뛰어들기, 기도, 공공장소의 '비폭력적 점거'와 같은 '물리적 개입', 은행 예금 인출, 수수료 납부 거부, 채무 또는 이자 납부 거부, 자금 제공 및 신용 공여 중단 등 '금융 자원 보유자가 할 수 있는 행동'과 기타 방법도 나열했다.

시간이 지나면서 이 목록은 그 자체로 생명을 얻었다. 2011년 이집트 타흐리르 광장 봉기 당시, 샤프에 대한 언급 없이 그가 작성한 목록이 카이로에서 아랍어로 유포되었다.[2] 당시 83세였던 샤프의 명성은 절정에 달했다. '아랍의 봄' 이후 그에 관한 기사가《뉴욕 타임스》에 두 차례 실렸고, 세르비아·시리아·베네수엘라·벨라루스·이란에서 영향력이 큰 인물로 언급되었다. 한편 그는 CIA와 연계되어 있다는 사실무근의 의혹으로 공격을 받기도 했다.

당시 대규모 시위를 주도한 사람들 중 많은 이가 샤프가 자신들에게 영향을 미쳤다는 사실을 부인했는데, 엄밀한 의미에서 이는 사실일 수 있다. 시위대는 샤프의 행동이나 말이어서가 아니라, 이미 다른 곳에서 쓰여 그 효과가 입증된 전술을 채택한 경우가 많았다. 더 중요한 것은, 그런 전술들이 매우 효과적이었다는 점이다. 전 세계 활동가들은 1986년에 필리핀에서, 그리고 1989년에 동독에서 일어난 일과 같은 결과를 고대했다.

이런 운동을 펼친 사람들 대다수가 샤프보다는 서로로부터 훨씬 많은 것을 배웠으며, '외국 요원'이나 CIA와는 아무런 관련이 없었다. 샤프가 책자를 출판하기 한참 전인 1980년, 폴란드의 독립적이고 반공주의적이며 당시 불법 노동조합 운동이었던 자유노조연대(솔리다르노시치solidarność)는 폴란드 국기를 연상시키는 흰색 바탕에 구불구불한 붉은색 글씨로 기관명을 쓴 로고를 만들어 폴란드 각지와 전 세계에서 알아볼 수 있도록 했다. 이 로고는 포스터에도 등장했고, 옷깃에도 걸렸고, 지하 출판물에도 인쇄되었으며, 기타 여러 곳에서 저항의 표상으로 통했다. 1998년에 세워진 세르비아 청년 운동 단체인 오트포르Отпор('저항'이라는 뜻)는 이 상징의 역사를 잘 알았다. 그들은 슬로보단 밀로셰비치 정권에 저항하기 위해 원 안에 꽉 쥔 주먹이 그려진 흑백 그림과 "Отпор!"를 로고로 만들었다. 조지아의 민주화 운동가들은 붉은 장미를 상징으로 사용했고, 2004년에 부정 선거에 항의하기 위해 오렌지색 옷을 입은 우크라이나의 시위대 역시 형태는 달라도 같은 아이디어를 차용했다.

샤프는 이러한 전술을 "상징적 행위"라고 불렀다. 샤프보다 더 오래 시민 저항 운동을 한 철학자이자 극작가 바츨라프 하벨도 이런 전술이 목적을 달성하는 데 도움이 된다고 생각했다. 하벨은 1978년에 쓴 에세이 〈힘없는 자의 힘〉에서 당시 공산주의 국가였던 체코슬로바키아의 평범한 시민인 한 채소 장수를 머릿속에 그려보라고 제안한다.[3] 이 채소 장수는 "양파와 당근 더미 사이의 창문에 '전 세계의 노동자여, 단결하라!'라는 슬로건을 붙여놓고 있다." 하벨은 묻는다. 그는 왜 그렇게 하는 걸까? 이 채소 장수는 국제 노동 계급에 대해 진정으로 열광하지도 않고, 노동자들이 단결하는지 아닌지에는 신경쓰지 않는다. 그 채소 장수는 그저, 그렇게 하지 않으면 문제가 생길 수 있다는 것을 알기 때문에 정권에 대한 충성심을 상징적으로 보여주기 위해 창문에 팻말을 붙였다. 그렇게 하지 않아도 그는 감옥에 가거나 일터를 잃지는 않을 것이다. 하지만 "창문을 적절하게 꾸미지 않았다는 이유로 비난받을 수도 있다. 어쩌면 누군가 그를 불충실한 자로 취급할지도 모른다." 즉 "문제없이 살아가려면 이런 일들을 반드시 해야 하기 때문에" 그러는 것이라고 하벨은 지적했다.

이 상징적 행위에는 또다른 목적이 있다. 이것은 채소 장수가 국가에 바라는 바를 스스로 숨기는 데 도움이 된다. 그는 좀더 잘 살고자 하는 욕망을 '전 세계 노동자의 단결'이라는 대의 뒤에 숨길 수 있다. 하지만 누군가 솔리다르노시치 배지를 달거나(1980년 바르샤바), 오트포르 티셔츠를 입거나(1998년 베오그라드), 장미꽃을 들거나(2003년 트빌리시), 오렌지색 재킷을 입고(2004~2005년 키이우) 이 상상의 가게에 들어선다면, 그 순간 이 채소 장수 안에 숨겨져 있던 무언가가 반응하게 된다. 그가 마주한 사람들은 정권의 눈치를 보지 않고 자신이 생각하는 바를 말하고 자신이 믿는 것을 알리기로 마음먹은 이들이다. 하벨의 표현을 빌리면, 이들은 "진실에 살고자 하는" 사람들이다.

작지만 상징적인, 이 용기 있는 행위는 채소 장수로 하여금 자신이 거짓으로 살아왔다는 것을 직시하게 만든다. 그 결과로 그가 자신의 행위를 바꿀 수도 있겠지만, 그렇지 않을 수도 있다. 오히려 정권의 진정한 하수인이 되기로 결심하는 대응을 할 수도 있다. 그렇다 해도 그는 적어도 이제 의식적인 선택을 한 셈이다. 이처럼 모두가 어떤 선택 앞에 놓이고 실상을 드러내는 선전 활동에 직면한다면, 머지않아 정권의 실체가 드러날 것이라고 하벨은 믿었다.

배지, 꽃, 로고, 색깔 등 어떤 상징을 보여주면서 사람들이 어느 한쪽 편을 들도록 고무하는 것은 20세기 후반부터 21세기 초까지의 몇십 년 동안 필리핀, 한국, 타이완에서 포스트 소비에트 세계와 중동(레바논의 백향목 혁명, 이란의 녹색 운동, '아랍의 봄'), 그리고 그 너머에 이르기까지 민주화 운동에서 다른 운동으로 확산된 많은 전술 중 하나였다. 서로 다른 사회 집단과 사회 계층 사이에 의도적으로 연결 고리를 만드는 것도 그런 전술 중 하나다. 1956년에 헝가리에서 일어난 반공산주의 혁명은 공장 노동자들이 참여했기에, 그리고 최종적으로는 군인과 경찰이 부다페스트 지식인들과 함께 시위에 참여했기에 가능했다. 1980~1981년 폴란드의 자유노조 운동에서는 전기 기술자 레흐 바웬사가 이끄는 그단스크 조선소 노동자들과 바르샤바 출신 언론인·변호사·역사가로 구성된 노조의 '조언자들' 사이에 어떤 명백한 관계가 형성되었다.

다양한 계층과 다양한 지역에서 유대를 형성하는 것은 단순히 행동주의에 한정된 문제가 아니다. 여기에는 계급과 사회적 분열을 극복할 수 있을 만큼 강력한 사상 체계가 전제되어야 한다. 어떤 사람들은 행동과 언론의 자유라는 보편적 원칙을 가장 중시한다. 어떤 사람들은 불의나 국가 폭력을 겪은 경험에 의해 움직인다. 많은 경우, 헌법에 명시된 원칙과 정권이 초래한 현실 사이의 간극은 변화를 요구하는 목소리를 불러일으키기에 충분하다. 이란에서는 2009년에 선거가 도난당했다는 보도가 대규모 저항 운동을 촉발했다. 2011년, 푸틴이 헌법에 정해진 임기 제한인 두 번의 임기를 채우고도 또다시 집권할 계획이라는 사실이 알려지자 모스크바와 상트페테르부르크에서는 몇 달 동안 위헌적 부정 선거에 반대하는 시위가 벌어졌다.

2016년, 베네수엘라에서는 야당이 의회 다수당이 되었으나 입법이 봉쇄되자 수백만 명이 나서서 1000회 이상 시위를 벌였다. 2020년, 벨라루스 국민은 노골적으로 도둑맞은 선거 이후 사상 처음으로 시위를 조직했다. 이들은 대안적 벨라루스 국기의 색상인 붉은색과 흰색의 옷을 입고 거리에서 춤추고 노래했다.● 경찰들과 군인들도 이에 동참했으며 일부는 공개적으로 휘장을 찢고 불태우

● 제정 러시아가 붕괴한 뒤 1918년에 독립 선언을 한 벨라루스의 국기는 위아래에 흰색이, 가운데에는 붉은색이 들어간 삼색기였다. 2012년에 붉은색과 녹색으로 된 새 국기가 채택되었지만, 반정부 시위에서는 과거의 국기가 자주 사용된다.

기도 했다.

　때로는 지도자의 명성이나 악명이 운동을 통합할 수 있다. 전 독립 지도자의 딸이어서 수년간 가택 연금을 당한 아웅 산 수치는 명백한 구심점이 되었지만, 미얀마 최초의 민주화 혁명이 완전히 성공하지는 못했다. 그런가 하면 논란에서 벗어나 있고 개인적 권력을 추구하지 않는 외부인으로 인식되는 사람이 지도자가 될 수도 있다. 한 예로 정치 운동으로 투옥된 남편을 둔 주부 스뱌틀라나 치하노우스카야는 자신과 같은 평범한 사람들을 돌보는 사람으로 인식되었다가 대통령 후보가 되었고, 그뒤 2020년에는 벨라루스 시위의 지도자가 되었다.

　최근에 활동가들은 샤프나 하벨이 상상하지 못했던 전술을 채택해 현대화하고 있다. 암호화된 메시지를 주고받는 시대에는 인쇄된《독재에서 민주주의로》나〈힘없는 자의 힘〉을 국경을 넘어 밀반입할 필요가 없다. 가상 사설망과 여러 도구를 이용해 인터넷에서 차단된 정보에 접근할 수 있고, 소셜미디어, 다크 웹, 맞춤형 앱을 통해 메시지를 전파할 수 있다. 활동가들이 은행 시스템과 비밀경찰을 피해 비트코인으로 서로에게 송금할 수 있다면, 여러 운동에 더 쉽게 자금을 조달할 수도 있다.

　지난 10년 동안 중국 정권에 약속 이행을 요구한 홍콩 민주화 운동은 이 교훈을 가장 능숙하고 신중하게 받아들인 정치 집단이다. 1997년에 영국이 156년간의 식민 통치 끝에 홍콩을 중국에 반환했을 때, 중국 지도부는 홍콩이 누려온 경제적·정치적 자유를 보존하겠다고 약속했다. 이 약속은 "일국양제─國兩制"라는 슬로건에 담겨 있다. 그러나 그뒤 20년 동안 중국은 홍콩에 점차 노골적이고 미묘한 압력을 가했다. 2014년, 중국은 홍콩 선거 제도를 변경해 공산당이 홍콩 행정 장관 후보를 사전에 심사할 수 있도록 했다. 이 '개혁'으로 홍콩 민주주의에 대한 공격, 그리고 홍콩의 정체성을 바꾸려는 시도가 시작되었다고 인식한 시위대는 연이어 연좌시위를 벌였다. 이들은 홍콩의 여러 공공장소를 점거해 캠프를 설치하고 '중심부를 점령하라Occupy Central'라는 운동 이름을 붙였다. 시위대는 최루탄과 후추탄으로부터 스스로를 보호하기 위해 우산을 들고 다녀서 '우산 운동'이라는 또다른 이름도 붙였다. 장기간 공공장소를 점거하기는 불가능하다는 것이 확실해지면서 이 시위는 목표를 달성하지 못했지만, 시위대는 여기서 교훈을 얻고 실수를 검토해 다음 시위를 준비했다.

2019년, 홍콩인 범죄자를 중국에 인도하는 법안이 통과되면서 홍콩에 대한 중국의 법적 관할권이 확대되자 다양한 활동가가 다시 새로운 시위를 조직했다. 이번에는 소수의 주도자를 지목할 수 없었기 때문에 조직위원회에 침투한다거나 누군가를 체포할 수 없었다. 시위대는 도심을 장기간 점거하려 하지 않고 날마다 다른 장소에서 다른 방식으로 시위를 벌여 경찰을 놀라게 했다. 이들은 앱을 사용해 경찰의 움직임을 파악하고, 비디오 감시 카메라를 속이기 위해 얼굴에 색을 칠하고, "물처럼 유연하게 움직여야 한다(Be Water)"라고 서로에게 당부하며 필요에 따라 시시각각 전술을 변경했다.

홍콩 시위대는 다른 나라의 경험을 통해서도 많은 것을 배웠다. 예를 들면 1989년에 발트 국가에서 벌어진 시위에서 나타난 대규모 인간 사슬 아이디어를 차용했고,* 2014년 우크라이나에서 벌어진 유로마이단 시위에서는 경찰과 충돌이 일어날 것을 대비해 헬멧과 방독면 착용하는 법을 배웠다. 이들은 또 암호와 가명을 사용해 익명성을 유지했다. 인터넷이 대체로 국가에 의해 통제되는 사회에서 이들은 현수막과 포스터를 이용해 대중에게 다가갔다. 일상생활을 방해하기 위한 '비협조' 전술도 펼쳤다. 국제 언론에 크라우드 펀딩 광고를 게재했고, 샤프의 전술을 비롯해 다양한 전술을 구사했다.

그들의 목표는 단순히 정부의 정책을 바꾸는 것이 아니었다.

---

* 1989년 8월 23일, 소연방에 자치와 독립을 요구하는 발트 3국(에스토니아, 라트비아, 리투아니아)의 주민 200만여 명이 약 690킬로미터에 달하는 인간 사슬을 형성하는 시위를 벌였는데, 이 인간 사슬은 '발트의 길'로 불렸다. 이를 모델로 1990년 1월에 우크라이나에서도 추위 속에서 30만여 명이 서부의 르비우와 수도 키이우를 연결하는 인간 사슬을 만드는 시위를 조직했다.

사회를 바꾸고, 인식을 고양하고, 독재적이고 점점 더 잔인해지는 정권에 저항하는 방법을 사람들에게 알리는 것이 진정한 목표였고, 실제로 그렇게 했다. 홍콩 시위대는 중국 권위주의에 맞서 가장 길고 힘든 싸움을 벌였다. 그들의 노력은 1989년 톈안먼 광장 시위보다 더 지속적이고 체계적이었으며, 몇 년 전 진행된 '우산 운동'보다 더 영민하고 유연했다. 이 시위는 사회 계층의 장벽을 뛰어넘었고, 부자와 빈자를 막론하고 수백만 명이 참여했다.

하지만 그들은 전투에서는 연전연승했으나 전쟁에서는 패했다. 내가 이 책을 쓰고 있는 지금, 홍콩 시위 지도자들은 모두 감옥에 수감되어 있거나 망명 중이다. 홍콩에 남은 사람들 가운데 상당수는 그다지 의미 없는 일만 하고 있다.

그들은 모든 일을 올바르게 했다. 그러나 중국 당국도 샤프와 하벨이 제안한 전술을 연구했기에 그들은 패배했다. 중국 당국은 상징적 행위를 조롱하고 훼손하는 방법, 카리스마 있는 지도자를 비방하고 불명예스럽게 만드는 방법, 소셜미디어를 이용해 거짓 소문과 음모론을 퍼뜨리는 방법, 사람들을 고립시키고 소외시키는 방법, 다양한 사회 집단과 사회 계층 간의 연계를 끊는 방법, 유력한 망명자들을 제거하는 방법, 무엇보다 인권과 자유, 민주주의의 언어를 반역과 배신의 증거로 바꾸는 방법을 많이 연구했다. 나머지 주식회사 독재정치의 구성원들 역시 이러한 교훈을 배웠다.

2016년 4월, 짐바브웨의 오순절 교회 목사인 에반 마와리레는 사무실에 앉아 국기를 목에 걸고 휴대폰 카메라를 들여다보며 녹화 버튼을 눌렀다. 그런 뒤 몇 분 동안 짐바브웨 국기 색깔의 의미를 하나하나 설명하면서 대단히 힘 있는 연설을 했다.

사람들은 녹색은 초목과 농작물을 의미한다고 말합니다. … 그런데 우리나라에서는 농작물이 보이지 않습니다.

노란색은 금, 다이아몬드, 백금, 크롬 같은 온갖 광물을 의미합니다. … 나는 이것들이 얼마나 남았는지 모르고, 누구에게 팔았으며 얼마를 받았는지도 모릅니다.

붉은색은 자유를 지키기 위해 흘린 피를 상징한다고 하는데, 정말 감사하게 생각합니다. 그런데 피를 흘린 그들이 여기에 있다면, 그리하여 이 나라가 돌아가는 상황을 본다면, 자신들의 피를 돌려달라고 할지도 모르겠습니다.

흑인은 나와 같은 대다수 사람들을 의미하지요. 그런데 왠지 나는 그 일부가 아닌 것 같은 기분이 듭니다.[4]

몇 년 후 마와리레는 절박해서 그 영상을 만들었다고 나에게 말했다.[5] 그는 좋은 교육을 받았고, 그에게는 좋은 교육 받기를 바라는 자녀도 있었다. 그는 몇 년 동안 영국에서 살다가 2008년에 짐바브웨로 돌아왔는데, 잠시나마 변화가 가능할 것처럼 보이던 시절이었다. 그러나 짐바브웨는 변화는커녕 정치적·경제적 위기로 더 깊은 수렁에 빠져들었다. 인플레이션으로 그의 연로한 부모님의 연금은 휴지 조각이 되었고, 마와리레 자신도 간신히 생계를 유지했다. 이처럼 절박한 상황이 영상을 제작하는 동기가 되었다.

그는 딱히 외국인 인맥도 없었고, 민주주의 홍보에 열심인 유럽인이나 미국인과도 연줄이 없었으며, 정치에 대한 배경지식도 없었다. 그는 정치인이나 소셜미디어의 인플루언서가 아니라 청소년 지도 목사였다. 이렇듯 이전에 어떤 운동도 주도한 적이 없었지만, 그의 말은 진심에서 우러나온 것이었다. 그는 짐바브웨의 경제 붕괴가 "마침내 나의 문을 두드렸고, 이제 현실은 먹을 것 없는 식탁의 형태로 존재하게 되었습니다"라고 말했다.

그의 동영상이 입소문을 타면서 해시태그 #ThisFlag도 함께 퍼졌다. 마와리레는 유명인이 되었다. 길거리에서 사람들이 다가와 감사 인사를 건네며 이렇게 말하곤 했다. "내가 오랫동안 느껴왔지만 어떻게 전달해야 할지 몰랐던 것을 당신이 잘 말해주었습니다." 처음에 그는 이렇게 생각했다. '그냥 지나가겠지. 흥분은 가라앉겠지. 그러면 별다른 결실도 없겠지.' 그러나 흥분은 계속 고조되었다. 삽시간에 #ThisFlag는 전국적 현상이 되었고, 샤프가 묘사했던 것과 같은 통합된 상징이 되었다.

사람들은 영상에 댓글을 달고, 영상을 인용하고, 심지어 영상에 담긴 생각에 연대하는 의미로 짐바브웨 국기를 들고 다니기 시작했다. 노점상들도 새로운 수요에 맞추어 서둘러 짐바브웨 국기를 판매하기 시작했다. 마와리레는 첫 #ThisFlag 연설을 하고 나서 한 달 후, 그 여세를 몰아 25일 동안 매일 영상을 한 편씩 공개하기로 결심했다. 이런 활동을 통해 조국이 처한 상황에 대해 사람들이 진지하게 토론할 수 있기를 바랐다. 짐바브웨 준비은행 총재는 인플레이션과 통화 변경 제안에 대해 그와 토론하는 데 동의했다. #ThisFlag 지지자 수천 명이 참석한 이 회의의 녹화물도 입소문을 타기 시작했다. 그해 7월, 마와리레는 전국 수준의 총파업을 촉구했다. 수백만 명이 일터에 나가지 않고 집에서 머물렀다.

짐바브웨 정권은 처음에는 마와리레를 무시하면서 그의 동영상을 '기행'으로 치부하고, 그가 펼친 운동을 "권력의 복도에서 한 목사가 뀌는 방귀"로 폄하하다가 차츰 진짜 위협으로 간주했다.[6] 짐바브웨 정보부 장관 조너선 모요는 정권을 지지하는 #OurFlag 운동을 개시했다.[7] 그러나 이 운동이 성공을 거두지 못하자, 짐바브웨 지도자들은 다른 방향으로 움직였다. 20세기 독재자들이 그랬듯이 지도자의 위대함을 선전하는 식이 아니라, 마와리레를 깎아내리는 운동을 벌이기 시작했다. 즉 짐바브웨 국민을 열광시킨 그의 자질인 진정성과 자발성, 특히 그의 애국심을 훼손하기 위한 선전 활동이었다.[8] 짐바브웨 정권은 실제 감정에 맞서 싸우기 위해 마와리레를 외부인에 의해 조작된 가짜, 진실하지 않은 자, 애국자가 아닌 반역자로 묘사했다.

정치적 저항자를 개인적 측면에서 깎아내리는 수법이 새로운 일은 아니다. 서기전 64년, 키케로의 동생 퀸투스는 로마 집정관 선거에 출마한 키케로에게 상대방의 흠집을 찾아내라고 조언했다.[9] 20세기 스탈린 정권은 트로츠키를 반역자이자 스파이로 낙인찍는 데 성공했고, 1930년대와 1940년대에 스탈린은 수만 명을 트로츠키에게 동조하는 반역자라며 체포했다. 오늘날의 독재 정권은 한 걸음 더 나아가 저항자뿐만 아니라 그들의 사상까지 깎아내리려 한다. 이를 위해 그들은 종종 '민주주의', '정의', '법치'와 같은 단어를, 변화를 바라는 진정성 있고 대중적이며 유기적인 열망의 증거가 아니라 '반역', '외국과의 연계', '외국 자금의 증거'로 덮어씌운다.

2009년, 이란에서 부정 선거에 반대해 수십만 명이 참여한 역사상 최대 규모의 시위가 일어나자, 이란 당국은 시위대를 향해 발포해 그 지도자들을 체포하고선 "음모자와 외국 언론 사이의 연결 고리를 찾아낼 것이다"라고 발표했다.[10] 차베스는 저항자들이 자칭 사회주의자라 할지라도 미국 제국주의의 '우익' 대리인이라고 반복해서 비난했다. 조지 소로스가 시위를 조직한다는 주장(소로스는 '국제 유대인 음모'의 대명사가 되었다)은 처음에는 헝가리 독재 여당, 다음에는 미국과 유럽, 심지어 이스라엘에서 활동가들을 깎아내리는 데 반복적으로 이용되었다. 푸틴조차 2018년 헬싱키에서 트럼프와 가진 기자 회견에서 소로스를 언급할 정도였다.[11]

푸틴이 훨씬 더 나간 경우도 있다. 그는 2011~2012년 모스크바에서 일어난 시위와 관련해, 당시 미국 국무 장관이었던 힐러리 클린턴을 비난하며 그녀가 "우리나라의 일부 행위자"에게 "신호"를 보냈고, 시위대를 거리로 유인하기 위해 수억 달러의 "외국 자금"을 지원했다고 주장했다.[12] 2014년, 러시아의 한 공식 웹사이트는 부패한 야누코비치 대통령에게 항의하는 우크라이나 국민이 "우크라이나를 '반反러시아' 국가로 만들려는 유일한 목표를 추구하는 먼 곳의 조종자에게 이용당하고 있다"라고 주장했다.[13] 역사학자 마시 쇼어는 우크라이나에서 대규모 시위가 진행되던 2013년에서 2014년으로 넘어가는 겨울에 마이단•을 방문한 러시아 언론인들이 시위대에게 미국인들로부터 어떤 도움을 받고 있는지 계속 물었다고 기록했다. 한 젊은 여성은 "우리 스스로가 이 시위를 조직했다는 것을 그들은 이해하지 못했다"라고 설명했다. 쇼어는 "크렘린의 선전선동, 즉 미국 정보 기관이나 다른 세계의 지배 세력이

• 키이우 중심부에 있는 광장으로, 2004년 오렌지 혁명의 중심이었다. 야누코비치 대통령을 실각시킨 2014년의 혁명도 이곳에서 일어났기 때문에 마이단 혁명으로 불린다.

배후에서 조종하고 있다는 확신은 악의적 의도가 감추어져 있었을 뿐만 아니라, 개인이 스스로 생각하고 행동할 수도 있다는 것을 믿지 못하게 만들려는 것"이라고 설명했다.[14]

짐바브웨 당국은 이러한 패턴을 답습해 외국 대사관이 마와리레의 발언을 재게시한 것을 증거로 들며 그가 서구 쪽 정부의 후원을 받고 있다고 공격했다. 거기에 더해 금융 사기 혐의로 그를 공격했다. 마와리레의 평범함, 심지어 재정적 어려움마저 그가 지닌 매력의 일부였다. 따라서 모요와 그의 팀은 그를 "영국에서 속이기 쉬운 신자들한테서 돈을 거두어들여 세금을 회피하는" 사기꾼으로 묘사했다. 한 정부 신문은 '소식통'을 인용해 #ThisFlag는 "마와리레 목사의 지속적인 자금 편취 사업"이라고 주장했다.[15]

공개적인 깎아내리기 활동이 마와리레를 살해하지는 않았지만, 재정적 괴롭힘, 이동 통제, 물리적 폭력을 수반했다. 그 목적은 마와리레를 겁주고 추종자들을 협박하는 것이지, 그를 완전히 사라지게 하려는 것은 아니었다.

프리덤하우스는 이런 식의 공격적 활동이 불러일으킨 피해를 '시민권적 사망civil death'이라고 불렀다. 다른 많은 곳에서와 마찬가지로 짐바브웨에서 이런 방식은 공격당하는 사람이 생산적인 삶을 살 수 없게 하기 위해 고안되었다.[16] 마와리레는 체포되어 투옥되고 고문을 당했다. "나는 밤새도록 계속된 심문에 대해서는 말할 수 있습니다." 그는 내게 그렇게 말했다. "하지만 고문에 대해서는 말할 수 없습니다. 그들이 내게 한 일들, 아직도 공개적으로 말하지 않는 일들 때문입니다." 그에게 가해진 압박에는 아내와 자녀는 물론 노부모에 대한 구체적인 협박도 포함되었다. 그들은 그를 계속해서 심문했다. "누가 당신에게 자금을 대고 있는가? 당신의 배후에 누가 있는가? 어떻게 전국적 규모의 파업을 선동했는가? 어떻게 사람들에게 돈을 뿌렸는가?" 2013~2014년에 우크라이나에 온 러시아 언론인들처럼, 그들은 누구도 '민주주의'나 '애국심' 때문에 자신을 위험에 빠뜨릴 만큼 이상주의적이거나 순진하지는 않다고 생각했다. **당신이 그러는 게 이 나라를 사랑해서라고? 말도 안 되는 소리.**

마와리레는 결국 석방되었다. 그는 가족을 해외로 보낸 다음, 자신도 조용히 국경을 넘어 탈출했다. 하지만 그를 깎아내리는 선전 활동은 줄어들기는커녕 더욱 거세졌다. 마와리레는 다른 사람들이 자신이 짐바브웨를 떠난 이유를 이해하고 자신이 안전하다는 사실에 기뻐할 것이라고 생각했다. 짐바브웨의 전설적인 반식민주의 혁명 지도자 무가베와 음낭가과도 망명 생활을 한 적이 있었으니까. 그러나 마와리레 지지자 일부가 모요와 정부 쪽 언론의 말을 되풀이하기 시작했다. **보라, 그가 반역자라고 말하지 않았는가. 그는 돈줄을 쥔 사람들의 지원을 받아 해외로 도피할 것이다.** 마와리레는 내게 말했다. "우리를 일으켜 세웠던 바로 그 소셜미디어가 우리를 무너뜨렸습니다."

마와리레는 출국 후 "부정적인 댓글에 시달렸습니다"라고 말했다. "내 안의 무언가가 그들이 틀렸다는 것을 증명하고 싶어했습니다. 내 안의 무언가가 '나는 겁쟁이가 아니다'라고 말하고 싶어했습니다. 나아가, 나는 이 일에 진심이었습니다." 그는 다시 짐바브웨로 돌아왔고, 곧바로 공항에서 체포되어 몸수색을 당했다. 경찰은 그를 최고 보안 교도소로 연행했고, 그곳에서 그는 또다시 구타와 고문을 당한 후 독방에 갇혔다. 마침내 풀려난 그는 운동을 재개하고자 했다. 사람들을 조직하려고 애쓰면서 또다른 총파업을 준비하는 동안 그는 진정성, 재정, 의도에 관해 반복적으로 공격을 받았다. 점차 그는 자신의 노력이 헛수고임을 깨달았다. #ThisFlag는 체제를 바꾸는 대신 정권에 불만 수위가 높아지고 있다는 경고를 보내는 역할을 했다. 그러자 짐바브웨 정권은 선전선동 수위를 조절하고, 2017년에는 무가베를 음낭가과로 교체했다. 무가베는 마와리레에게 여권을 돌려주겠다고 제안했고, 결국 마와리레는 그 제안을 받아들였다. 마와리레와 그의 가족은 현재 해외에서 거주하고 있다.

"짐바브웨로 돌아가고 싶습니다. 집에 돌아가고 싶지 않은 사람이 어디 있겠습니까?" 그는 내게 그렇게 말했다. 하지만 그는 곧

돌아갈 수 있으리라고 기대하지는 않는다. "처음 참여할 때는 초롱 초롱한 눈망울과 덥수룩한 머리를 한 채 내일은 그 일이 일어날 거라는 믿음과 희망, 그러니까 눈에 보이고 손에 잡힐 것 같은 희망이 뭉게뭉게 피어오릅니다. 그러다가 그 희망이 말 그대로 눈앞에서 고스란히 사라져버립니다. 끔찍한 일이죠. 그런 일이 또 일어나면 그때부터는 시간이 걸린다는 것을 배우기 시작합니다."

그는 인내를 배우고 있다.

"나도 모든 것을 빨리 끝내고 다시 아빠로 돌아가고 싶었습니다. 하지만 아시다시피 자유와 민주주의를 위한 투쟁은 그런 것이 아닙니다. 그것은 당신을 끌어들입니다. 그리고 그것은… 그것은… 당신을 다시 만들고, 당신의 세상을 완전히 바꿔놓습니다."

많은 독재 정권이 이제야 깨달은 사실을 마와리레도 발견했다. 그것은 바로 깎아내리기 운동이 효과가 있다는 것이다. 국가 기관이 누군가의 삶과 신념을 특정한 방식으로 모함하기 위해 검찰, 법원, 경찰, 국가의 통제하에 놓인 매체, 소셜미디어를 결합해 반역이나 사기, 범죄 혐의를 씌우고, 때로는 그 거짓 혐의로 체포하거나 고문하는 경우, 증오의 조각이 항상 피해자를 따라다닌다.

이전 시대에는 독재 정권이 단순히 저항 세력을 제거하는 방식으로 문제를 해결하는 경우가 많았고, 지금도 일부 독재 정권은 그런 일을 저지른다. 2018년, 사우디아라비아는 해외 망명 중이던 《워싱턴 포스트》의 저명한 비평가이자 칼럼니스트였던 자말 카슈끄지를 이스탄불의 사우디아라비아 영사관에서 살해했다. 2012년, 쿠바 정부는 당시 쿠바에서 가장 중요한 민주화 운동가였던 오스왈도 파야를 자동차 사고로 사망하게 했다.[17] 푸틴 정권은 2006년에 언론인 안나 폴릿콥스카야를, 2015년에 민주적인 야당 지도자 보리스 넴초프를, 2024년에는 알렉세이 나발니에 이르기까지 많은 비판자를 살해했다. 나발니에게는 두 차례 독살을 시도한 끝에 감옥에서 죽게 만들었다. 중국 경찰은 2023년에 중국 프리랜서 언론인 쑨린을 난징의 자택에서 심하게 구타해 몇 시간 뒤에 사망하게 만들었다.[18]

이러한 선택적·간헐적 살해는 단순히 골치 아픈 상대를 제거하기 위한 행위가 아니다. 이것은 일종의 메시지를 전달하기 위한 수단이다. 사우디아라비아 군주정, 쿠바 보안국, 크렘린, 중국 경찰이 자국의 모든 언론인을 두려움에 떨게 하기 위해 언론인 모두를 죽일 필요는 없다. 오늘날의 독재자들은 20세기에 자행된 광범위한 폭력이 더는 필요하지 않다는 것을 배웠다. 표적 폭력은 보통 사람들이 정치에서 완전히 멀어지게 하고, 자신들이 결코 이길 수 없는 경쟁을 하고 있다는 확신을 심어주기에 충분하다.

그러나 대개의 경우, 오늘날의 독재 정권은 시신을 만들지 않은 채 비판자들을 침묵하게 만드는 방식을 선호한다. 샤프의 비폭력 전술 목록에는 장례식이 등장한다. 죽은 영웅은 순교자가 될 수 있다. 1956년, 라슬로 러이크의 장례식은 몇 달 후에 일어난 헝가리 혁명의 도화선이 된 것으로 유명하다. 남아프리카공화국에서 아파르트헤이트(인종 차별 정책) 때문에 사망한 사람의 장례식은 종종 강력한 반정부 시위를 촉발했다.[19] 오늘날 미얀마의 장례식도 그런 역할을 한다.[20] 러시아 정권은 나발니의 장례식을 공개적으로 치르지 못하게 하려고 그의 어머니를 협박해, 아들의 시신을 비밀리에 매장하겠다고 약속하지 않으면 시신을 썩히겠다고 위협했고, 나중에는 가족이 영구차를 사용하지 못하게 하고 묘지 출입까지 제한했다. 하지만 수많은 사람이 체포될 위험을 무릅쓰고 찾아와 바친 꽃이 산더미처럼 쌓였다. 이것이 오늘날 많은 독재자들이 살인을 피하는 이유다. 순교자는 정치 운동에 영감을 불어넣을 수 있지만, 성공적인 깎아내리기 운동은 정치 운동을 파괴할 수 있다.

더 정교한 독재 정권일수록 이런 활동의 법적 근거뿐만 아니라 선전선동의 기반을 미리 준비해 민주화 운동가들이 신뢰나 인기를 얻기 전에 그들을 제거하기 위한 덫을 만들어놓는다. 21세기의 첫 10년 동안 독재 국가와 일부 비자유주의 민주 국가들은 서로 유사한 법률을 제정해 비정치적 단체나 자선 단체 등 시민 단체들을 테러리스트, 극단주의자 또는 반역자로 규정해 감시하고 통제하기 시작했다. 러시아에서는 이른바 반극단주의 법안이 정치적 비판자들의 활동을 저지하는 데 이용되었다.[21] 예멘은 2001년에 이집트의 법률을 모방한 것으로 보이는 일련의 법률을 통과시켜 외국 비정부기구의 활동을 규제했고, 그뒤로 유사한 법률이 튀르키예, 에리트레아, 수단에서도 통과되었다.[22]

2009년, 우간다는 국내 시민 단체를 규제하고 심지어 해산할 권한을 정부의 위원회에 부여하는 법을 통과시켰다. 같은 법의 에티오피아 버전은 "에티오피아의 평화, 복지, 공공질서를 해치는" 것으로 판단될 경우에 유사한 위원회에 조직 폐지의 권한을 부여했는데, 그 표현이 너무 모호해서 거의 모든 것을 폐지할 수 있을 정도다.[23] 캄보디아는 "평화, 안정, 공공질서를 위태롭게 하거나 국가 안보와 국가 통합, 캄보디아 사회의 문화와 전통을 해치는" 활동을 하는 단체는 전면 금지하는 법을 통과시켰는데, 정부가 금지하고자 하는 활동을 거의 다 포괄하는 법이나 마찬가지다.[24] 2024년 1월, 베네수엘라 국회는 특정 비정부기구가 규정된 요건 목록을 위반할 경우, 정부가 그 단체를 해산하고 회원에게 무거운 벌금을 부과할 수 있는 새로운 법안을 통과시켰다.[25] 1985년 이후로 어떤 독립적인 단체도 승인하지 않은 쿠바에서는 최근 비공식 단체에 참여한 수백 명을 체포했다.[26]

외국과 연계된 조직은 더욱더 요주의 대상이 된다. 2012년, 러시아는 외국 자금을 받는 비정부기구와 자선 단체의 권리를 제한하는 법을 통과시켰다. 그리고 이 단체들에 러시아어 발음이 영어의 '외국 스파이'와 비슷하게 들리는 '외국 대리인'이라는 말을 공개적으로 붙이게 했다. 비자유주의 국가인 조지아 정부도 2023년에 매우 유사한 법안을 통과시키려다 광범위한 거리 시위가 일어나자 이를 철회했는데, 2024년에 또다시 많은 시민의 반대를 무시하고 법안을 발의하려 했다.[27] 이집트도 마찬가지로 시민 단체의 '해외 자금'에 대한 범죄 수사를 진행했다.[28] 수단은 비정부기구 지도자들을 체포해 구금하고, '테러리즘' 혐의로 기소하는 데 보안 관련 법률을 적용했다.[29] 벨라루스 정권은 장애인을 돕기 위해 설립된 단체의 지도자들을 구금하고 가택 수색을 벌여 '외국 자금'으로 의심되는 증거물을 찾아냈다. 2016년, 중국은 해외 교포와 관련 있는 보건·복지·문화 자선 단체 등 해외와 연계된 단체의 등록과 감독을 보안 기관에 맡기는 법안을 통과시켰다.[30]

이 같은 조치들은 대체로 법치주의에 대한 잘못된 인식을 심어주며, 종종 날조된 부패에 대한 거짓 고소를 정당화하는 데 도움이 된다. 심하게 부패한 정권은 혐의를 뒤바꾸어 자신과 상대방 사이의 구분을 흐릿하게 만든다. 2014년, 알렉세이 나발니와 그의 동생은 프랑스 화장품 회사 이브로셰와 부패한 거래를 했다는 혐의로 기소되었다. 이 사건은 대단히 복잡하고 이해하기가 어려웠는데, 어쨌든 그 결과 나발니와 그의 동생은 수감되었다. 2022년에 나발니는 '사기' 혐의로 9년형을 선고받기도 했다. 베네수엘라의 민주적인 야당의 가장 인기 있는 지도자였던 레오폴도 로페스는 2008년에 정부에서 그를 금융 범죄 혐의로 고소한 뒤로 공직을 맡는 것이 금지되었고, 거의 10년 후인 2017년에 엔리케 카프릴레스도 비슷한 혐의로 대통령 출마가 금지되었다.[31]

이런 혐의들이 허위이거나 과장일지라도, 그리고 대다수 사람들이 그것이 허위이거나 과장임을 알더라도 이런 주장은 지속적으로 막대한 영향력을 발휘한다. 누군가가 반복적으로 비방을 당하면, 아무리 가까운 친구라도 혹여 **조금은** 진실이 있지 않을까 하고 생각하게 마련이다. 녹음된 대화나 해킹된 이메일 공개를 통해 활동가나 정치인의 '비밀'이 밝혀지면, 그 녹음테이프나 해킹된 이메일에 부정의 증거가 없더라도 그 사람이 부정직하고 숨길 것이 있다는 인상을 풍길 수 있다. 이는 1990년대부터 러시아에서, 2014년 폴란드에서, 2016년 미국 대선에서 사용된 전술이다.

반체제 인사에게 씌워진 부패 혐의는 정권 인사들의 부패에 쏠린 관심을 다른 곳으로 돌리는 효과도 낸다. 마약 밀매업자와 조직범죄에 연계된 베네수엘라 정권이 로페스를 부패 혐의로 고발하거나, 악명 높은 미얀마 군부 지도부에서 아웅 산 수치에게 비슷한 혐의를 제기한 목적에는 대중적 반부패 운동을 약화하는 것도 포함되었다.[32] 부패 혐의를 뒤집어씌운 방식이 아무리 허황되거나 위선적일지라도 독재 정권은 이를 이용해 시민들에게 자연스럽게 냉소주의를 조장할 수 있고, 저항 운동을 비롯해 모든 정치는 더러우며 반체제 정치인을 비롯해 모든 정치인은 의심의 대상이라는 대중적 신념을 강화할 수 있다.

짐바브웨 국민들은 마와리레 사건을 통해 희망을 품고 변화를 요구하기보다는 정치를 멀리해야 하고, 모든 정치인과 공인과 잠재적 지도자를 똑같이 위험하고 똑같이 의심스럽고 똑같이 신뢰할 수 없는 존재로 취급해야 한다는 교훈을 얻었다. 특히 뇌물을 받고 회유된 경험이 있는 짐바브웨 사람이라면 마와리레의 부패 혐의로 일종의 안도감을 느꼈을 것이다. **자, 봐라. 저들도 돈 때문에 그런 일을 했다.**

오늘날의 가장 정교한 깎아내리기 운동에는 또다른 목적이 더해진다. 바로 새로운 형태의 대중 참여를 유도하는 것이다. 마오쩌둥이 추동한 중국 문화대혁명이 한창이던 시절, 직장과 학교에서는 계급의 적을 찾아내 사상 강화 교육을 진행하도록 장려했다. 그시기에 인민의 적들은 실제적이거나 상상의 사상 범죄로 고발당했고, 모욕을 당했으며, 때로는 동료와 급우에게 구타와 고문을 당했다. 그래도 당시에는 마오주의 사상 강화 교육이 한 장소에서 진행되었다. 이제는 인터넷으로 인해 익명으로도 누구나 이런 일에 참여할 수 있게 되었다. 참가자들은 자신만의 독창적인 밈과 슬로건을 공유할 수 있으며, 외국인 혐오나 여성 혐오적 발언을 눈치 보지 않고 내뱉을 수 있다.

때로는 국가가 이런 운동을 조직하기도 하고, 때로는 사람들이 자발적으로 이에 참여하기도 한다. 때로는 참가자에게 금품이 제공되기도 한다. 베네수엘라 정권은 정부의 선전선동 글을 재게시하는 사람에게 소정의 활동비를 지급하는 시스템을 구축했다.[33] 사우디아라비아 정부는 적을 공격하기 위해 진짜 및 가짜 트위터 계정을 수천 개 만들었다. 일명 '파리 떼'로 알려진 이 무리에는 정부가 운영하는 계정과 열정적인 자원봉사자도 포함된다. 이러한 민·관 협력의 결과, 카슈끄지 살해 사건 이후 "우리 모두 무함마드 빈 살만을 믿는다"라는 의미의 아랍어 해시태그가 110만 회 이상 등장하기도 했다.[34] 사람들이 군중 속에서 얻었던 힘과 연대의 감각을 이제는 노트북과 휴대폰을 통해 집이나 닫힌 문 뒤에서 경험할 수 있게 되었다.

이처럼 새로운 종류의 군중 선동 운동은 고통과 불안, 편집증을 유발할 수 있다. 특히 경찰과 보안 기관을 통제하는 국가가 이를 주도하는 경우, 그 영향이 압도적일 수 있다. 국가가 지원하는 대규모 온라인 트롤링 선전 활동에 노출된 사람은 가족과 친한 친구에게까지 피해를 입힐 수 있다. 7년 동안 감옥에 수감되거나 가택 연금 상태로 지냈고, 지금은 마와리레처럼 해외에서 망명 중인 베네수엘라 지도자 로페스가 오랜만에 가장 가까운 죽마고우를 만나러 갔을 때 일어난 일을 내게 들려주었다. 그 친구는 그와 몇 분 정도 이야기를 나누더니 울면서 이렇게 말했다고 한다. "나를 용서해 줘. 우리는 너를 의심했어. 그들이 너에 대해서 하는 말을 믿었어." 또다른 친구들은 로페스를 옹호하는 글을 온라인에 올리거나 글을 쓸 때 이런 상황에 압도당했다며 다음과 같이 말했다. "정말이지 무시무시해. 트롤의 기계적인 행동이 놀라울 따름이야." 그들이 두려워하는 것은 트롤링뿐만이 아니다. 짐바브웨, 러시아, 이란, 중국과 마찬가지로 베네수엘라에서도 정권은 재정 상태 조사, 배우자와 고용주에 대한 압력, 낮은 수준의 위협, 심지어 실제 폭력을 정권의 저항자는 물론 정권 지지자, 그의 친구와 가족에게도 쓸 수 있다.

이런 일을 직접 경험한 로페스는 이제 베네수엘라와 다른 나라에서 저항 시위를 주도하는 동료들에게 "시위가 사라질 때를 대비해야 한다"라고 당부한다. 이제는 그것이 익숙한 패턴이므로 개인적으로 받아들이지 말고 그다음에 일어날 일에 대비하라는 얘기다. 저항 운동이 진압되면 대중의 절망감이 뒤따르는 경우가 많고, 특히 폭력이 사용된 경우 더 쉽게 그런 현상이 나타난다. 사람들은 사망자와 부상자를 애도할 것이다. 희망을 잃은 사람들은 비통해할 것이다.

그런 다음, 사람들은 분노할 수밖에 없다. 상황이 더 나빠져서, 희망이 좌절되어서, 지도자들이 실망시켜서 그들은 분노할 것이다.

오늘날 민주 국가의 많은 시민들에게 로페스와 마와리레의 이야기는 끔찍하고 잔인하게 들릴 수 있다. 동시에 온라인 폭도, 표적화된 깎아내리기 운동, 가짜 혐의와 거짓 서사의 생성에 대한 설명도 익숙하게 들릴지 모르겠다. 실리콘 밸리에서 개발된 기술과 매디슨가(광고 회사가 밀집한 뉴욕 맨해튼의 거리)에서 오래전에 발명된 선전 전술은 독재자들의 의도와 결합되어, 아마추어 온라인 활동가들뿐만 아니라 민주적으로 선출된 전 세계 정부와 지도자를 겨냥한 조직적인 온라인 공격 운동을 창출했다. 실제로 이런 행동은 종종 민주주의의 쇠퇴를 알리는 신호탄이 된다.

2020년에 바로 그런 사례가 있었다. 당시 폴란드의 집권당이자 포퓰리즘 정당인 법과정의당의 당원이었던 법무부 차관이 전문 트롤을 고용했다. 이 트롤은 정부 정책에 비판적인 판결을 하거나 공개 발언을 한 판사들을 괴롭히기 시작했다.[35] 그는 폴란드 대법원장에게 저속한 엽서를 보내고, 또다른 판사의 명예를 훼손하는 정보를 해당 판사뿐만 아니라 그의 동료들에게도 보냈으며, 판사들에 대한 자료를 게시하기도 했다. (이 트롤은 한 게시판에서 이렇게 썼다. "꺼져. 당신은 정직한 판사들에게 수치심을 주고 폴란드에 불명예를 안기고 있어."[36] 이 트롤은 뉴스 웹사이트에 글을 올렸다가 정체가 탄로 났는데, 이런 일은 사법부라는 제도, 더 넓게는 법치를 훼손하려는 정부의 광범위한 운동 중 일부에 불과했다.

멕시코의 정치학자이자 칼럼니스트, 페미니스트, 시민 활동가인 데니세 드레세르를 상대로 펼쳐진 운동도 어느 정도 비슷한 성격을 드러냈다.[37] 멕시코의 로페스 오브라도르 대통령은 2020년부터 매일 아침 열리는 기자 회견에서 정기적으로 드레세르를 공격했다. 드레세르는 대통령을 비판하는 좌파였고 로페스 오브라도르도 스스로를 좌파 성향으로 규정했기 때문에, 사법부 및 선거관리위원회를 정치화하려는 정부의 시도에 대한 드레세르의 비판에 각별히 위협을 느꼈을 수 있다. 대통령이 대응한 방법은 드레세르에게 프레임을 씌우는 것이었다. '엘리트', '보수주의자', '국민 의사에 반하는 자', 그리고 '반역자'로 말이다.

대통령의 온라인 트롤(일부는 전문직이 수행했고, 일부는 자원봉사자였던 것으로 추정된다)은 공격의 수위를 더 높였다. 그들은 드레세르를 늙고 못생기고 엉뚱하고 미쳤고 멍청하다고 했다. 드레세르의 이혼과 사생활 이야기를 정교하게 지어냈고, 드레세르가 죄수복을 입은 밈도 만들었다. 그녀가 우크라이나를 지지하는 글을 썼을 때는 폭탄을 들고 다니는 '전쟁광'으로 묘사하기도 했다. 공공장소에서 드레세르를 몰래 촬영하기도 했는데, 스타벅스에서 찍힌 한 사진에는 그녀가 입은 드레스 윗부분의 지퍼가 열린 것처럼 보였다. 이 사진은 드레세르가 혼자 살면서 치매를 앓고 있다는 댓글과 함께 입소문을 탔다.

드레세르는 불특정 다수에게서 협박성 글을 받았고, 이를 심각하게 받아들여야 했다. 2022년, 멕시코는 실제로 전쟁이 벌어지는 지역을 뺀 나머지 세계에서 기자들에게 가장 위험한 국가였으며, 마약 조직, 온갖 범죄자, 분노한 대통령 팬들이 폭력을 행사할 가능성도 매우 높았다. 푸틴은 사람들을 살해하라는 노골적인 명령을 내릴 수 있다. 로페스 오브라도르나 폴란드 법과정의당 지도자 야로스와프 카친스키와 같은 비자유주의 국가의 지도자들은 누군가를 향한 증오를 부추기며 무슨 일이 일어날지 지켜본다. 2019년, 폴란드에서는 그단스크 시장이던 파베우 아다모비츠에 대한 깎아내리기 운동이, 감옥에서 국영 TV를 시청하던 한 남자가 출소 후 공개 행사 무대에 뛰어 올라가 칼로 시장을 찌르는 비극적인 사건으로 끝났다. 몇 시간 뒤 아다모비츠는 사망했다.

과거에 미국 정부는 개인을 표적으로 삼아 권한을 남용한 적이 있다. FBI는 마틴 루서 킹 목사를 도청하고 괴롭히고 그에 관한 정보를 조작하는 데 성공했다.[38] 리처드 닉슨 대통령은 국세청을 이용해 정적들의 생활이 곤란해지게 만들려 했지만 실패했다.[39] 오늘날 미국 연방 정부가 법률, 사법, 재정 등 국가의 모든 수단을 온라인 증오 운동과 결합해 대통령의 개인적 정적을 표적으로 삼은 사례는 적어도 이 글을 쓰는 시점까지는 없었다. 그러나 이런 일이 일어날 수 있다는 것을 상상하기란 어렵지 않다.

트럼프는 대통령 재임 기간뿐만 아니라 그 이후에도 연방 판사를 비롯해 자신이 싫어하는 사람들에 대한 분노, 심지어 폭력을 불러일으키려고 힘썼다. 트럼프와 그 추종자들은 선거가 도난당했다는 사기성 주장에 동조하지 않는 선거관리위원회 직원들을 괴롭혔다. 그는 미시간주 상원 다수당 원내 대표의 전화번호를 공개해 협박 문자 메시지 4000건을 받게 했고, 펜실베이니아주 하원 의장의 개인 정보를 공개해 시위대가 그의 집 앞에 등장하게 했다.[40] 트럼프와 그의 팀은 조지아주 투표소 직원인 셰이 모스와 그녀의 어머니 루비 프리먼이 불법 투표 용지가 가득한 가방을 가지고 있다고 거짓으로 고발했다. 이 일로 이 두 사람은 몇 달 동안 인종 차별적 괴롭힘에 시달렸다. 2023년, 트럼프는 법무부를 이용해 정적들을 체포하겠다고 공포했는데, 이는 그들이 죄를 지어서가 아니라 대통령직에 복귀하면 '보복'을 하고 싶었기 때문이다. 만일 그가 정적에 대한 대대적인 트롤링 운동과 함께 연방 법원과 법 집행 기관을 지휘하는 데 성공한다면, 독재 세계와 민주주의 세계의 혼합이 완성될 것이다.

맺으며

민주주의자들의 단결을 위하여

푸틴의 흑해 궁전에는 아이스하키 링크와 물담배 바가 딸려 있다. 시진핑은 황실 정원으로 사용되었던 곳에서 산다. 전 세계 독재자들은 번쩍거리는 샹들리에와 대리석 벽난로가 있는 응접실에서 만난다.

복도는 어둠침침하고 창문이 숲을 향해 열린, 빌뉴스 외곽의 한 허름한 호텔. 이곳에서 2022년 가을, 전 세계 각지에서 독재정치와 싸우는 사람들의 모임인 세계자유총회World Liberty Congress의 첫 회담이 열렸다. 러시아, 짐바브웨, 이란, 남수단, 북한, 니카라과, 르완다, 쿠바, 중국에서 온 정치인과 활동가 들이 어둑한 방 안의 긴 탁자 앞에서 베네수엘라, 시리아, 캄보디아, 벨라루스, 우간다에서 온 동료들과 만났다.

이 소박한 분위기가 참석자들의 풍부한 경험을 가렸다. 나는 트위드 재킷을 입은 한 청년과 대화를 나누게 되었다. "당신은 아마 제가 홍콩에서 왔다고 생각하시겠지요." 그가 말했다. 그는 뿔테 안경을 썼고 옛 영국 식민지에서 흔히 들을 수 있는 툭툭 끊어지는 영어를 구사했다. "그래요." 나도 그가 홍콩 출신인 줄 알았다고 대답했다. "저는 북한에서 왔어요." 그가 답했다. 그의 이름은 티머시 조였다. 아홉 살 때 부모에게서 버림받은 그는 길거리에서 자랐고 네 차례 투옥되었다. 두 차례 시도 끝에 북한을 탈출한 그는 당시 영국 보수당 의원 후보가 되기 위해 애쓰는 중이었다.

그날 좀더 이른 시각에 우간다 출신의 음악가이자 거의 당선될 뻔한 대통령 후보였던, 아니 개표가 제대로 되었다면 정말로 대통령이 되었을 보비 와인이 연설을 했다. 그는 '반대'라는 단어를 사용하는 것에 반대한다고 말했다. 우리는 **반대**opposition 세력이 아니라 **대안**option이다. 더 나은 대안. "우리는 긍정적인 언어를 채택해야 합니다. 우리는 희생자가 아닙니다." 그날 저녁 나는 익명으로 있기를 원하는 러시아인 한 쌍과 이야기를 나누었다. 그들은 징병을 피하고 싶어하는 러시아인들이 변호사에게서 법률 자문을 구할 수 있도록 도와주면서 군사 동원에 반대하는 운동을 은밀하게 펼치는 중이었다. 이들은 러시아를 떠나지 않는다는 중대한 결정을 내렸는데, 사람들이 전쟁에 나가지 말도록 설득하는 것이야말로 우크라이나 침략 전쟁을 끝내기 위한 최선의 길이라고 생각했기 때문이다.

대다수 참가자는 서로 처음 만나는 사이였다. 같은 대륙에서 온 사람들도 상대의 이름과 명성을 빼면 서로 아는 바가 없었다. 아프리카에서는 국경 반대편에서 살아가는 동료 아프리카인들보다 3000여 킬로미터 떨어진 곳에서 살아가는 유럽 사람들과 교역이나 대화를 하기가 더 쉽다고 어느 참가자가 내게 말했다. 그러나 막상 대화를 나누다보면 이들은 서로 비슷한 경험을 했고, 비슷한 깎아내리기 모략에 노출되었으며, 지도자들이 비슷한 방식으로 돈세탁을 하고 '다극성'에 대해 이야기하는 유사한 정권 아래에서 살아왔다는 사실을 알게 된다. 이들에게 주식회사 독재정치는 책 제목이 아니라 매일매일 투쟁해야 하는 현실이었다. 그들은 경험을 공유함으로써 패턴을 이해하고, 자신에게 불리하게 사용될 전술을 예측하는 법을 배우고, 이에 저항할 준비를 한다.

9개월 전, 나는 뉴욕의 한 레스토랑 2층 홀에 앉아서 소수의 망명 정치인들이 빌뉴스 정상 회담 계획을 논의하는 모습을 지켜보았다. 베네수엘라 야당 지도자 로페스는 독재자들은 권력을 유지하기 위해 서로 협력하는 데 반해, "자유를 위해 싸우는 우리들의 동맹은 없다"는 사실을 그 자리에 있던 사람들에게 상기시키며 말문을 열었다. 세계 체스 챔피언이자 러시아의 정치 변화를 추구하는 개리 카스파로프는 "우리는 단결되어 있고, 우리는 대중 운동을 대표하며, 자유 세계는 우리를 지지한다"라는 사실을 보여주는 것이 중요하다고 생각했다. 소셜미디어 운동을 통해 수천 명의 이란 여성이 베일을 버리도록 설득한 이란 활동가 마시 알리네자드는

"사람들에게 우리의 이야기를 듣게 하고 우리를 이해하게 할 수 있다면" 민주화 운동가들의 힘을 합해 워싱턴과 실리콘 밸리에서 토론의 자리를 만들 수 있다고 생각했다. "우리는 우리 국민만을 위해 싸우는 것이 아닙니다. 우리는 서구를 비롯해 모든 곳에서 민주주의를 위해 싸우고 있습니다." 참가자 모두는 자국뿐만 아니라 민주주의 세계에도 영향을 미치고 싶어했다. 그들은 한 국가의 자유가 다른 국가들이 지닌 자유의 힘에 따라 달라질 수 있다는 것을 이미 잘 알고 있었다.

그들이 쓰는 언어는 마치 진 샤프가 쓴 책의 세계화 버전과 같았다. 우리는 그들보다 수가 더 많다. 자유의 옹호자인 우리는 독재 정치 옹호자들을 홍수처럼 떠내려 보낼 수 있다는 식의 말이 나왔다. 그러나 그들은 자신들이 샤프의 시대에 살고 있지 않다는 것을 잘 알았다. 로페스, 카스파로프, 알리네자드가 짐바브웨의 마와리레, 벨라루스의 치하노우스카야, 오스왈도 파야의 딸 로사 마리아 파야와 함께 열아홉 가지 종류의 파업과 열네 가지 다른 형태의 시위를 조직하는 것은 불가능하며, 함께 시위할 수 있는 세계 공공 광장도 존재하지 않는다. 하지만 그들이 하는 말을 진정으로 의미 있게 바꾸려면 정치에 대한 사고방식을 완전히 바꿔야 한다. "우선 문제의 프레임을 다시 짜야 합니다." 로페스는 말했다. 바로 그렇다.

외교 정책을 공부하는 서구의 대학생들, 특히 미국 대학생들은 세계는 동유럽, 중동, 남중국해 등 서로 연관되지 않은 각각의 현안이 제각기 존재하는 공간이고, 저마다 다른 전문가와 전공자 집단을 필요로 한다고 생각하는 경향이 있다. 그러나 독재자들은 세계를 그렇게 바라보지 않는다. 푸틴은 유럽 극우파와 극단주의 운동을 지원하는 동시에, 아프리카의 독재 정권을 지원하기 위해 폭력배와 무기를 보낸다. 그는 전쟁에서 승리하기 위해 우크라이나에서 식량 부족 사태를 일으키는가 하면, 전 세계 에너지 가격을 상승시킨다. 이란은 레바논, 팔레스타인, 예멘, 이라크에서 대리 세력을 유지하고 있다. 또한 이란 요원들은 부에노스아이레스의 유대인 커뮤니티 센터를 폭파하고, 이스탄불과 파리에서 살인을 저지르고, 미국에서 암살을 계획하고, 아랍어권·스페인어권 전역에서 언론사에 자금을 지원했다. 벨라루스의 독재자는 중동 난민을 자국으로 유인해 불법적으로 유럽으로 건너가도록 도와주어 이웃 국가들의 안정을 흔들려고 했다. 쿠바 군대는 러시아에서 우크라이나에 맞서 싸우고 있으며, 쿠바 비밀경찰은 베네수엘라에서 마두로 정권을 보호하는 데 도움을 주고 있다.[1] 아프리카와 라틴아메리카 전역에 걸쳐 경제적·정치적 이해관계가 깊은 중국은 오랫동안 스스로를 결코 '아시아의' 강국이라고만 생각하지 않았다.

독재 국가들은 패배와 승리에 관련된 정보를 서로 끊임없이 주고받으며 최대의 혼란을 조성하기 위해 움직일 타이밍을 기다린다. 2023년 가을, 유럽 연합과 미국 의회는 각각 우크라이나에 원조 물품을 보낼 수 없게 되었다. 헝가리의 오르반 총리, 그리고 미 의회에서 트럼프의 지시에 따라 행동하는 소수의 MAGA파 공화당원들이 트럼프의 지시에 따라 행동하며 다수파를 막고 원조를 지연시켰기 때문이다. '우크라이나 피로'를 조장하는 담론은 러시아 대리 세력과 중국 매체에 의해 여러 나라 언어로 인터넷에 퍼져나갔다.

바로 그때, 이란의 지원을 받는 하마스 무장 세력이 이스라엘에 잔인한 공격을 벌이기 시작했다. 그후 몇 주 동안 이란의 지원을 받는 후티 반군이 홍해에서 유조선과 화물선을 공격해 국제 무역을 방해했다. 이렇게 함으로써 미국과 유럽이 우크라이나 전쟁에서 주의를 돌리게 했다. 아제르바이잔의 독재자 일함 알리예프는 전 세계의 이목이 다른 곳에 집중된 틈을 타 재빨리 분쟁 지역인 나고르노카라바흐를 점령해 10만 명에 달하는 아르메니아인을 단 며칠 만에 추방하는 데 성공했다.[2] 2024년 봄, 중국 해커들이 영국 의회와 의원들의 컴퓨터 및 데이터 저장 장치에 깊숙이 침투한 것이 발각되었다.[3] 브뤼셀, 바르샤바, 프라하에서는 유럽 의회 의원들에게 돈을 주고 유럽 선거에 영향을 미치려고 한 시도 등 러시아가 광범위한 영향력 매수 운동을 벌인 것이 다국적 조사로 밝혀졌다.[4]

한편 서반구에서는 마두로 대통령이 이웃 나라 가이아나의 한 주를 침공해 점령하는 방안을 검토하고 있다고 밝혔다. 마두로가 이 계획을 발표할 당시, 마두로 정부의 정책이 초래한 빈곤에 허덕이던 수십만 베네수엘라 시민은 중앙아메리카를 거쳐 미국 국경을 향해 걸어가고 있었다. 전례 없이 많았던 이들은 포퓰리즘적이고 인종 혐오적이며 푸틴을 공개적으로 지지하는 MAGA파 공화당원들에게 힘을 실어주었다.

이처럼 다면적이고, 상호 연결되고, 스스로 강화되는 전 세계의 복합 위기는 한 주동자에 의해 조장된 것이 아니며, 비밀 음모의 증거도 아니다. 이 사건들을 종합해보면 다수의 독재 정권이 정치·경제·군사·정보 영역에서 어떻게 영향력을 확장해왔는지 알 수 있다. 이들이 공통의 목표를 위해 기회주의적으로 협력하고, 자국과 전 세계의 민주주의와 민주적 가치를 훼손할 때 얼마나 큰 피해를 일으키는지도 보여준다. 러시아가 우크라이나를 침공하기 직전인 2022년 2월 4일, 시진핑과 푸틴이 발표한 공동 성명을 다시 한번 읽어보라. 그들은 "민주주의와 인권을 보호한다는 명분으로 주권 국가의 내정에 간섭하는" 행위를 규탄했다. 그들은 외부 세계에 "문화적·문명적 다양성과 다른 나라의 자결권을 존중할 것"을 촉구했다. 그리고 자신들이 "패권 장악 시도"라고 부르는 민주주의의 기준에 대한 모든 논의가 "세계와 지역의 평화와 안정에 심각한 위

험을 안기고 세계 질서의 안정을 훼손할 것"이라고 분노에 찬 목소리로 경고했다.[5]

　나머지 다른 독재자들은 더 잔인하고 더 극단적인 언어를 사용했고, 대규모 잔학 행위나 전쟁을 공개적으로 촉구하기까지 했다. 민주주의 세계의 어느 누구도 이런 언어를 심각하게 받아들이거나 제대로 대응하지 못했다. 2023년 9월, 북한의 독재자 김정은은 푸틴과의 회담에서 "패권을 놓지 않으려는 악의 집단을 응징하기 위해 러시아가 벌이는 성스러운 싸움"에 전폭적이고 무조건적인 지지를 표명했다.[6] 몇 달 후인 2024년 1월, 김정은은 과거에 펼쳐왔던 남한과의 화해 노력을 포기하는 듯이 보였다. 그는 통일과 남북 교류를 추진한 모든 기관을 해체하면서 남한을 북한의 주적으로 규정하는 헌법 개정을 촉구하고, "대한민국이라는 실체를 파괴하고 그 존재를 종식시킬 전쟁"을 거론하면서 경고했다.[7] 같은 주에 러시아의 전 대통령이자 총리였던 드미트리 메드베데프는 우크라이나를 "종양"이라고 비하하면서 현 우크라이나 정부뿐만 아니라 어떤 형태가 됐든 간에 우크라이나라는 존재를 파괴해야 한다고 강변했다.[8] 얼마 지나지 않아 그는 현대 우크라이나의 영토 대부분을 병합하고 나머지는 폴란드와 헝가리에 배분하는 러시아 지도를 제작했다.[9]

　그러나 나는 우리가 새로운 냉전, 말하자면 '두 번째 냉전'을 겪고 있는 것은 아니라는 생각에서 이 책의 집필을 시작했고, 다시 한 번 이 말을 강조하고자 한다. 오늘날의 독재 체제와 민주 세계 사이의 사상적·현실적 경쟁은 어떤 의미에서도 20세기에 우리가 경험했던 바를 그대로 답습하고 있지 않다. 지금은 국가들이 가입해야 할 '블록'도 없고, 깔끔한 지리적 경계를 표시하는 '베를린 장벽'도 없다. 민주주의와 독재라는 명확하게 상호 배치되는 범주에 속하지 않는 국가도 많다. 앞서 언급했듯이 아랍에미리트, 사우디아라비아, 싱가포르, 베트남 같은 일부 독재 국가는 민주주의 세계와 협력을 추구하고, '유엔 헌장'을 무시하지 않으며, 여전히 국제법이 유용하다는 것을 인식하고 있다. 그런가 하면 튀르키예, 이스라엘, 헝가리, 인도, 필리핀 같은 일부 민주 국가는 인권 관련 협약을 지키기보다는 오히려 위반하려는 경향이 있는 지도자를 선출했다. 독재자들의 동맹은 대부분 거래 관계에 바탕을 두고 있기에 변동되거나 변할 수 있고 실제로도 종종 그렇다.

분열은 각각의 국가 내부에도 존재한다. 베네수엘라와 이란에는 강력하고 중요한 민주화 운동이 존재한다. 미국뿐만 아니라 독일, 폴란드, 네덜란드, 이탈리아, 프랑스에도 상당히 독재적인 정치 운동과 그런 정치인이 존재한다. 세계 경제는 20세기보다 훨씬 복잡해졌기에 마치 이해관계의 충돌이 존재하지 않는 척하는 것은 무의미하다. 기후 변화를 위시해 여러 환경 문제를 완화하기 위해서는 전 지구적 협력이 필요하다. 미국과 유럽은 중국과 집중적으로 무역을 하고 있으며, 이런 무역 관계를 갑작스럽게 단절하는 것은 거의 불가능할뿐더러 바람직하지도 않다.

이 모든 점을 고려할 때 북아메리카, 라틴아메리카, 유럽, 아시아, 아프리카의 민주 국가들은 러시아, 중국, 이란, 베네수엘라, 쿠바, 벨라루스, 짐바브웨, 미얀마를 비롯해 여러 독재 국가의 민주적 저항 세력 지도자들과 함께하는 자유를 위한 투쟁을, 특정한 독재 국가와의 경쟁이 아닌 러시아, 중국, 유럽, 미국 등 어디에서든 독재적 **행태**를 상대로 하는 전쟁으로 생각해야 한다. 이를 위해 우리는 자국뿐만 아니라 전 세계의 부패와 싸우는 변호사와 공무원 네트워크가 필요하며, 도둑정치를 가장 잘 이해하는 민주화 운동가들과 협력해야 한다. 불법적 폭력을 예측하고 저지할 수 있는 군사 및 정보 연합도 우리에게 필요하다. 제재가 미치는 영향을 실시간으로 추적하고, 누가 제재를 위반하는지 파악하고, 이를 막기 위한 조치를 취할 수 있는 여러 국가의 경제 전투 요원도 필요하다. 인간성을 말살하는 선전선동을 식별하고 폭로하려면 온라인에서 운동을 조직하고 조율할 사람들도 필요하다. 주식회사 독재정치는 도둑, 범죄자, 독재자, 대량 학살 가해자에게 혜택을 주는 글로벌 시스템을 만들고 싶어하지만, 우리는 그들을 막을 수 있다.

초국가적 도둑정치를 끝장 내려면

러시아, 앙골라, 중국의 올리가르히들은 어느 세무 당국에도 소유자를 노출하지 않고 런던의 주택을 소유하고, 지중해 지역의 영지를 갖고, 델라웨어에서 회사를 차리고, 사우스다코타에서 신탁을 소유할 수 있다. 미국과 유럽의 중개자, 구체적으로 변호사, 은행가, 회계사, 부동산 중개인, 홍보 및 '평판 관리' 자문가 등이 그런 거래를 가능하게 해준다. 그들의 업무는 합법적이고, 그렇게 만든 것은 우리다. 우리는 힘들이지 않고 그런 일을 불법으로 만들 수 있다. 우리는 조금의 부패도 절대 용인해서는 안 된다. 우리는 그 시스템을 통째로 종식시킬 수 있다.

예컨대 우리는 미국과 유럽의 부동산 거래가 완전히 투명하게 이루어지게 하라고 요구할 수 있다. 모든 회사는 실제 소유자의 이름으로 등록하고 모든 신탁은 수혜자의 이름을 공개하라고 요구할 수 있다. 자국민이 비밀주의를 조장하는 관할 구역에 자금을 은닉하지 못하게 하고 변호사와 회계사가 이들을 위해 일하는 것을 금할 수 있다. 이렇게 한다고 그들이 존재하지 않게 되는 것은 아니겠지만, 그들을 이용하기가 훨씬 어려워질 것이다. 사모 펀드와 헤지 펀드 업계에서도 익명성을 허용하는 허점을 차단할 수 있다. 효과적인 집행팀을 꾸려 여러 국가와 여러 대륙에서 활동할 수 있도록 지원할 수도 있다. 우리는 전 세계의 파트너들과 협력해 이 모든 일을 할 수 있다.

　당연히 여기에는 엄청난 저항이 따를 것이다. 이 시스템이 쉽게 해체될 수 있는 것이었다면, 진즉에 그렇게 되었을 것이다. 현재 자금 세탁 메커니즘을 이해하기는 어렵고, 경찰이 단속하기는 더더욱 어렵다. 익명으로 다른 나라의 여러 은행 계좌로 자금을 이동시키는 것은 불과 몇 초 만에 할 수 있지만, 그 돈을 추적하고 그 과정을 파악하기까지는 몇 년이 걸릴 수 있다. 정부는 종종 권력자의 기소에 모호한 태도를 취한다. 복잡하고 비밀스러운 수십억 달러 규모의 거래를 추적해야 하는 공무원들은 그들 자신이 받는 급여 자체가 추적 대상에 비해 보잘것없어서 훨씬 큰 자산과 영향력을 보유한 자들을 표적으로 삼고 싶어하지 않을 수 있다. 권력자들은 기존 시스템의 혜택을 누리고 이를 유지하기를 원하며, 정치권 전반에 걸쳐 뿌리 깊은 인맥을 가지고 있다. 수년 동안 금융 투명성 강화를 주장한 미국 상원 의원 셸던 화이트하우스는 내게 이렇게 말한 적이 있다. "해외 폭력배와 범죄 활동을 용이하게 만드는 데 쓰이는 은닉 기술이 국내 특수 이익 단체의 정치 활동도 똑같이 용이하게 만들기 때문에 그런 일이 벌어지는 것입니다." 은밀한 금융 수단을 통해 이익을 얻는 개인은 종종 정치적 영향력을 직접적으로 추구하기 때문에 그들을 막기란 여간 어렵지 않다. 미국 중서부 여러 곳의 부동산 투자로 자신의 돈을 숨긴 우크라이나의 올리가르히인 콜로모이스키는 트럼프 대통령에게 조 바이든과 헌터 바이든에 대한 "더러운 정보"를 제공하는 등 트럼프 행정부에 영향력을 행사해 자신의 제국을 유지하려 한 것으로 알려졌고, 그중 일부는 트럼프의 개인 변호사인 루디 줄리아니에게 전달되었다고 알려졌다. 콜로모이스키는 자신이 이 정보를 제공한 것이 아니라 폭로한 것이라고 정반대로 주장했지만, 이는 바이든 행정부에 영향력을 행사하기 위한 수단이었을 가능성이 높다.[10]

이 모든 이유로 어떤 정치인, 정당, 국가도 단독으로 이 시스템을 개혁하기는 불가능하다. 범세계적 연합체가 법을 바꾸고, 비밀스러운 관행을 종식시키고, 국제 금융 시스템의 투명성을 재건해야만 가능하다. 도둑정치를 맞상대하는 네트워크에는 자금 세탁과 불법 자금이 자국 경제에 얼마나 큰 피해를 입히는지 이해하기 시작한 유럽, 아시아, 북아메리카의 재무부와 그 관리들이 포함될 수 있다. 이들은 러시아, 앙골라, 베네수엘라, 중국의 특정 세력이 부를 축적하는 수단으로 부동산을 매입해 지역 사회, 부동산 시장, 경제를 왜곡시킨 런던, 밴쿠버, 마이애미와 같은 도시의 지역 사회 지도자들과 협력할 수 있다.

이 연합체에는 자국에서 어떻게 돈이 도난당하는지, 그 정보를 전달하는 방법은 무엇인지를 외부인보다 더 잘 아는 활동가들도 참여할 수 있다. 알렉세이 나발니는 이 두 가지 일을 잘했기 때문에 러시아 정권에 의해 살해되었다고 볼 수 있다. 마지막으로 체포되기 몇 년 전 나발니는, 크라우드 펀딩을 통해 제작한 다큐멘터리 시리즈를 유튜브에 게시해 러시아 지도자들이 광범위한 금융 사기 및 조력자 네트워크에 연루된 사실을 폭로했다. 전문적으로 제작된 이 다큐멘터리는 푸틴의 천박한 흑해 관저에 딸린 물담배 바와 아이스하키 링크, 포도밭, 헬기장, 굴 양식장 등의 충격적인 장면을 담고 있고, 이러한 이야기를 러시아 교사, 의사, 공무원의 빈곤과 연결했기에 성공할 수 있었다. **푸틴에게 그 포도밭과 굴 양식장이 있기 때문에 러시아 도로 사정이 나쁘고 의료 서비스가 열악한 것이다.** 나발니는 러시아인들에게 이렇게 말했다.

탐사 보도의 일종인 이 다큐멘터리는 사람들의 마음을 움직이기 위해 제작되었다. 즉 멀리 떨어진 곳에 있는 통치자들의 궁전과 사람들 사이의 연관성을 이해시키기 위해 자료를 모아 제작되었으며, 큰 효과를 보았다. 일부 영상은 수억 건의 조회수를 기록하기도 했다. 이제 이와 동일한 프로젝트가 전 세계의 민주 정부, 언론 매체, 활동가 들의 지원을 받는다고 상상해보자. 단지 수사나 기소에 그치지 말고 이를 널리 알리고 일반인의 삶과 연결하기 위한 운동을 벌이는 것이 중요하다. 한때 민주주의 세계에서 국제 반공 동맹을 구축했듯이, 미국과 그 동맹국들도 투명성, 책임의식, 공정성이라는 이념을 중심으로 국제 반부패 동맹을 구축해 독재 국가의 망명자들은 물론이고 민주 국가 시민들의 창의적 사고로 이를 강화할 수 있다.

정보 전쟁에서 맞서 싸우지 말고, 그 기반을 무너뜨려라

오늘날의 독재자들은 정보와 사상을 비중 있게 다룬다. 그들은 자국 내 여론을 통제하는 것뿐만 아니라 세계 곳곳의 논쟁에 영향을 미치는 것이 얼마나 중요한지 잘 안다. 그래서 TV 방송, 지역 신문, 전국 신문, 트롤 네트워크에 막대한 비용을 지출한다. 또 지역 대변인과 옹호자를 확보하기 위해 민주 국가 정치인들과 재계 지도자들을 끌어들인다. 다양한 플랫폼에서 동일한 음모론과 동일한 주제를 증폭시키기 위해 협업도 한다.

냉전 종식 이후 30년 동안 미국과 그 동맹국들은 좋은 정보가 "사상의 시장"에서 어떻게든 승리할 것이므로 이 영역에서 경쟁할 필요가 없다고 생각했다. 그러나 어떤 경우에도 사상의 자유 시장은 존재하지 않았다. 하지만 일부 사상은 허위 정보를 유포하려는 운동, 감정적이고 분열적인 콘텐츠를 조장하는 소셜미디어 회사의 막대한 지출, 그리고 때로는 러시아나 중국의 담론을 유사한 방식으로 홍보하도록 설계된 알고리즘에 의해 엄청난 힘을 얻었다. 우리 사회는 러시아의 허위 정보를 처음 접했을 때부터 특별히 노력하지 않아도 기존의 커뮤니케이션 방식이 이를 이겨낼 수 있으리라 예상했다. 그러나 독재 국가의 선전선동을 연구하는 사람이라면 누구도 팩트체크나 신속한 대응만으로는 충분치 않다고 생각한다. 정정이 이루어지는 것은 거짓이 이미 전 세계로 퍼져나간 다음이다. 기존의 모델은 많은 이들이 허위 정보를 **원한다**는 사실을 인정하지 않았다. 하지만 그들은 음모론에 매료되어 신뢰할 만한 뉴스를 찾으려 하지 않는다.

우리는 우선 우리가 정보 세탁이라는 전염병에 직면했음을 직시하고 가능한 한 빨리 이를 폭로함으로써 반격을 시작할 수 있다. 2023년, 미국 정부는 정확히 그렇게 했다. 국무부 국제참여센터는 다른 정부 기관에서 수집한 첩보와 정보를 모아 러시아의 계략이 실행되기 **전에** 이를 폭로했다. 2022년부터 국제참여센터를 이끌어온 제임스 루빈은 이를 "사전 폭로"라고 불렀다. 국제참여센터는 아프리카의 보건 관련 허위 정보를 퍼뜨리는 계략을 공개하고, 여기에 관련된 러시아인의 이름을 확인해 가장 큰 피해를 본 아프리카 국가의 언론에 이를 알렸다.[11] 또한 러시아의 라틴아메리카 허위 정보 조직화 계략을 폭로하고, 프레센차를 비롯해 여러 웹사이트를 통해 스페인어를 사용하는 매체에도 알렸다. 프랑스 정부는 유럽 연합의 여러 기관과 함께 프랑스와 독일에서 '도플갱어' 네트워크를 구축한 그룹인 RRN의 정체를 폭로했다. 2023년 말, 독일 정부는 한 달 동안 약 5만 개의 가짜 트위터 계정을 통해 독일어 사용자를 겨냥한 또다른 작전이 실시되었다고 밝혔다. 여기에는 독일 정부가 우크라이나에 무기와 물자를 지원함으로써 독일인을 무시하고 있다는 내용의 메시지를 100만 건 이상 발송하는 작전도 포함되었다.[12] 미국·프랑스·독일 정부는 이러한 계략을 미리 폭로해, 적어도 일부 사람들에게는 이들의 존재에 대해 경각심을 불러일으켰다.

물론 문제는 더 심각하다. 이러한 계략이 주로 실행되는 소셜미디어 플랫폼이 조작하기 쉽지 않다면, 그런 계략이 성공할 가능성은 전혀 없을 것이다. 이런 개혁은 외교 정책을 훌쩍 뛰어넘어 광범위하게 영향을 미치는 방대한 주제이며, 소셜미디어 규제에 대한 문명화된 논의조차 엄청난 저항에 직면한 상태다. 플랫폼은 세계에서 가장 부유하고 영향력 있는 기업이며, 돈세탁을 통해 이익을 얻는 기업들과 마찬가지로 변화에 반대하는 로비를 벌인다. 특히 극우 성향의 많은 정치인이 현재 시스템이 다루기가 훨씬 좋다고 생각한다. 그들은 온라인상의 대화가 현저히 나빠지고 있는데도 생산적인 토론을 함께 방해하고 있다. 일론 머스크가 트위터를 인수한 후 이 플랫폼은 급속히 극단주의, 반유대주의, 친러시아 담론을 강하게 증폭시키고 있다. 중국이 만든 플랫폼인 틱톡은 다른 것은 차치하더라도, 완전히 불투명하다는 점에서 여전히 강력하면서 왜곡을 불러일으키는 가짜 정보의 출처다. 틱톡이 미국 정치에 영향을 미치는지 아닌지, 사용자에게서 데이터를 수집하는 데 이용되는지 아닌지는 알 수 없다. 한편 미국 극우파는 온라인 플랫폼 규제에 대한 정당한 정치적 논쟁을 '통제'와 '언론의 자유'에 대한 논쟁으로 뒤바꾸어, 온라인 세계의 작동 방식을 더 잘 이해하고 더 투명하게 만들기 위한 방법을 모색하는 학자와 연구자 들을 공격한다.

그러나 금융 시스템과 마찬가지로 정보 시스템도 일련의 법률과 규칙, 규정을 바탕에 두고 있으므로, 정치인들이 이를 바꿀 의지만 있다면 모두 변혁할 수 있다. 투명성은 불투명성을 대체할 수 있다. 소셜미디어 플랫폼의 이용자는 자기 데이터의 소유권과 결정권을 가져야 한다. 또한 자신이 보는 내용을 결정하는 알고리즘에 직접적으로 영향을 미칠 수 있어야 한다. 민주 국가의 입법자들은 사람들에게 더 많은 통제권과 선택권을 부여할 수 있고, 사람들이 사용하는 알고리즘이 테러 행위와 관련된 콘텐츠를 조장하는 경우, 기업에 책임을 묻는 기술적·법적 수단을 마련할 수 있다. 시민 과학자들citizen-scientist이 과거에 더 나은 위생을 위해 식품 회사와 협력하거나 환경 피해를 막기 위해 석유 회사와 협력했던 것처럼, 이제는 플랫폼이 미치는 영향을 더 잘 이해할 수 있도록 플랫폼과 협력할 수 있어야 한다.

도둑정치에 맞서 싸울 때와 마찬가지로, 증거에 근거한 대화를 위한 싸움에는 광범위한 국제적 연대가 필요하다. 미국과 동맹국들은 서로 힘을 모으고, 언론사들과 힘을 합해 신화통신이나 RT 대신 로이터 통신이나 AP 통신처럼 신뢰할 수 있는 매체가 글로벌 뉴스의 표준이 되도록 해야 한다. 아프리카나 라틴아메리카에서 중국 프로그램과 중국 뉴스 소스가 항상 가장 저렴한 선택지가 되지 않도록 하려면 정부뿐만 아니라 민간 기업의 공동 노력이 필요하다. 어떤 민주 정부도 민주주의 혹은 법치주의에 대한 주장이 당연하거나 자명하다고 생각해서는 안 된다. 권위주의적 담론은 이러한 사고의 본질적 매력을 약하게 만들고 독재를 안정적인 것으로, 민주주의를 혼란스러운 것으로 특징짓기 위해 고안되었다. 민주적 언론 매체, 시민 단체, 정치인은 국내와 전 세계에서 반격을 펼쳐야 할 뿐만 아니라 투명성, 책임의식, 자유의 논거를 제시해야 한다.

또한 공동의 노력은 독재 국가의 국민들이 해당 정권을 세계적 맥락에서 더 잘 이해하는 데 도움이 될 수 있다. 러시아, 홍콩, 베네수엘라, 이란 각국의 해외 교포들이 서로의 메시지와 사상의 힘을 강화할 수 있다면, 개별 집단이 홀로 할 수 있는 것보다 더 큰 영향력을 발휘할 수 있다. 일부 지역에서는 이미 그런 시도가 있었다. 지금은 금지된 키르기스스탄 뉴스 조직인 클루프는 수년간 중앙아시아의 독립 언론인들을 연결해, 매우 폐쇄적인 국가의 국민들도 러시아의 정보 장악 시도를 비롯해 이 지역에서 일어나는 일들을 더 잘 이해할 수 있게 하는 데 성공했다. 메두자, 인사이데르와 같은 몇몇 러시아 독립 웹사이트는 이제 최고의 탐사 보도를 영어로 번역해 전 세계의 더 많은 이들에게 전달할 수 있게 되었다. 빌뉴스 외곽에서 내가 참석한 것과 같은 공개적이고 사적인 모임에서 독재 국가의 활동가들은 이미 자신들의 경험을 공유하고, 공동 전략을 세우고, 차단된 웹사이트에 접근하는 방법을 서로에게 알려주고 있다. 우리가 그들을 지원한다면, 그들은 더 나은 정보를 더 설득력 있게 전달하도록 서로 도울 수 있고, 우리를 가르칠 수 있다.

20세기의 독재자들과 달리 오늘날의 독재자들은 쉽고 효과적으로 검열을 시행할 수 없다. 그러는 대신 분노와 증오, 우월감을 향한 열망을 통해 청중을 확보하고 메시지의 지지를 구축하는 데 집중한다. 우리는 우리 자신의 가치를 보존하고 홍보하면서 경쟁하는 법을 배워야 한다. 다시 말해 독재자들의 자극적인 방식에 맞서 시청자들에게 가장 관심을 끄는 이슈로 시청자와 소통하고, 무엇보다 진실을 위한 싸움이 어떻게 변화로 이어지는지를 보여주어야 한다. 부패를 폭로하는 언론인은 변호사나 제재를 지지하는 사람들과 협력해 조사가 처벌로 이어질 수 있도록 해야 한다. 좋은 정보는 긍정적 변화를 가져오는 데 도움이 되어야 한다. 진실이 정의로 이어지려면 우선 진실이 드러나야 한다.

탈동조화, 위험 제거, 재구축

1967년에 합스부르크 왕가 사냥 별장에서 열렸던 가스관 건설 관련 회담 이후 55년이 지난 2022년 9월 26일, 독재 세계와 민주 세계의 상호 의존에 관한 유럽의 실험은 끝났다. 첫 대규모 수중 폭발에 이어 여러 차례 이어진 수중 폭발로 노르트 스트림 2 가스관은 파괴되었다. 네 개의 가스관 중 세 개가 파괴되었고, 200억 달러 규모의 프로젝트는 무용지물이 되었다. 이 파괴 행위는 물리적 가스관과 함께 독일인, 유럽인, 미국인이 무역을 통해 민주주의를 증진할 수 있다는 생각을 무너뜨렸다.

러시아는 처음부터 노르트 스트림 2로 정반대의 목적을 추구했다. 러시아는 독일에서 도둑정치를 조장하고, 우크라이나를 지배하기 위한 발판을 마련하고자 했다. 이 가스관은 우크라이나와 폴란드를 우회해 러시아에서 독일로 직접 가스를 수송함으로써 이 국가들을 수익성 높은 수송 거래에서 배제하고, 우크라이나를 통과해 유럽에 가스가 공급되는 것을 완전히 차단할 의도로 건설되었다.[13] 협정이 체결되기 전부터 러시아는 이미 가스 가격과 가스 가용성을 정치적 영향력의 도구로 사용하기 시작했으며, 2005년과 2006년에, 그리고 2014년에 우크라이나의 가스 공급을 차단하고 가격을 담합해 중유럽과 동유럽에서 가스를 둘러싼 정치적 게임을 벌였다.[14]

또한 이 가스관은 러시아와 독일 사이에 새로운 성격의 특별한 관계를 형성하는 기반이 되었다. 노르트 스트림 프로젝트에 참여한 러시아 기업들은 독일 문화와 정치에 깊이 관여했다.[15] 그중에 가스프롬은 베를린의 독일역사박물관에서 러시아와 독일 역사의 이상적인 단면을 다룬 전시회에 자금을 지원했고,[16] 독일 대통령이자 전 외무부 장관 프랑크발터 슈타인마이어가 좋아했던 독일 축구 클럽 샬케의 공동 후원자가 되었다.[17] 이 회사는 또한 독일 및 러시아 정치인들과도 긴밀한 관계를 맺었다. 푸틴이 드레스덴에 있던 시절에 그곳에 함께 주둔했던 전직 슈타지 장교 마티아스 바르니그가 노르트 스트림의 최고 경영자가 되었다. 노르트 스트림 2 건설에 동의했던 슈뢰더 전 총리는 퇴임 후 며칠 만에 푸틴의 제안을 받아들여 노르트 스트림 AG의 주주위원회 위원장이 되었다. 러시아가 우크라이나를 침공한 2022년까지 그는 가스관 및 러시아 가스와 연관된 회사들, 그중에서도 로스네프트에서 연간 100만 달러에 이르는 급여를 받았다.[18] 가스관을 둘러싸고 발전한 모든 관계가 부패한 것은 아니었다(슈뢰더는 자신을 둘러싼 관계가 부패했다는 사실을 단호하게 부인했다). 그렇다고 이것이 독일의 국익이나 유럽의 전략적 안정과 양립할 수 있었던 것은 아니다. 2014년에 러시아가 우크라이나를 처음 침공한 뒤에도 슈뢰더의 후임자인 메르켈 총리가 노르트 스트림 프로젝트를 중단하지 않자, 푸틴은 우크라이나를

계속 침공할 수 있는 청신호가 켜졌다고 판단했을 수 있다.[19]

많은 이들이 메르켈의 동기가 무엇일지 추측했지만, 사실 메르켈의 생각은 그 시대 거의 모든 민주적 지도자들의 생각과 거의 동일했다. 그녀는 제2차 세계대전 이후 유럽인들이 통합을 배웠듯이, 상호 이익을 가져오는 투자와 약간의 인내가 러시아가 유럽과 통합되도록 고무하리라 믿었다. 메르켈은 러시아 기업들이 사기업이 아니라 러시아 국가의 대리인으로서 수많은 상업적·정치적 거래에서 크렘린의 이익을 대변한다는 사실을 제대로 이해하지 못했다. 그뿐만 아니라 중국 공산당에서 보조금이나 지시를 받는 중국 기업과의 거래가 얼마나 위험한지도 이해하지 못했고, 희귀한 광물에서 의약품에 이르기까지 모든 것을 중국 기업에 의존하는 것이 얼마나 위험한지도 알아차리지 못했다.

러시아, 중국 혹은 다른 독재 국가와의 무역에 과도하게 의존했을 때 위험 부담은 경제 문제에만 그치지 않고 생존의 문제로까지 이어진다. 우크라이나 침공 이후 유럽인들은 러시아 가스에 의존하기로 한 결정으로 얼마나 큰 대가를 치러야 하는지 뼈저리게 느꼈다. 더 비싼 에너지원으로의 전환은 인플레이션을 초래했고, 인플레이션은 불만을 촉발했다. 러시아의 허위 성보 운동이 더해지면서 이러한 불만은 독일에서 극우파에 대한 지지가 급상승하는 데 기여했다. 만일 독일 극우파가 정권을 잡는다면, 제2차 세계대전 이후 독일의 성격을 또다시 급격하게 바꿀 것이 분명하다.

2023년 4월, 바이든 대통령의 국가 안보 보좌관 제이크 설리번은 워싱턴에서 이와 유사하게 중국에 과잉 의존하는 것이 초래할 위험에 대해 연설했다. 그의 주장은 미국 경제와 중국 경제의 완전한 분리를 의미하는 **탈동조화**decoupling가 아니라, 미국과 나머지 민주주의 세계에 위기가 발생했을 때 무기가 될 만한 모든 것을 중국에 의존하지 않도록 하는 **위험 제거**de-risking를 강조한 것이었다. 그는 몇 가지 예를 들어 지적했다. "미국은 현재 전기 자동차 수요를 충족하는 데 필요한 리튬의 4퍼센트, 코발트의 13퍼센트만 생산하고 있으며, 니켈과 흑연은 0퍼센트입니다. 한편 주요 광물의 80퍼센트 이상이 오로지 중국에서만 처리되고 있습니다." 이어서 그는 "북아메리카의 공급망에 뿌리를 두고 유럽, 일본 등으로 확장되는 청정 에너지 생산 생태계를 구축해야 합니다"라고 주장했다.[20]

민주주의 세계가 광물, 반도체, 에너지 공급을 위해 중국, 러시아, 기타 독재 국가에 의존하는 것은 단순한 경제적 위험을 훌쩍 넘어서는 문제를 야기하므로 이 같은 사례를 더 극적으로 보여줄 필요가 있다. 이런 사업 관계는 우리 사회를 부패시킨다. 러시아는 빌리 브란트 독일 전 총리가 바랐던 대로 상업적 관계를 강화하고 유럽의 지속적 평화를 공고히 하기 위해 가스관을 사용하는 것이 아니라, 러시아에 유리하도록 유럽 정치에 영향을 미치는 데 협박 수단으로 이용하고 있다. 중국 기업들은 전 세계에 진출해 사이버 전쟁에 도움이 될 만한 데이터와 정보를 수집하고 있다. 미국과 영국의 부동산에 투자된 러시아와 중국 등의 올리가르히가 소유한 자금은 주요 도시의 부동산 시장을 왜곡하고 여러 정치인을 부패시켰다. 정체불명의 유령 회사가 트럼프가 대통령으로 재직하는 동안 트럼프 브랜드 부동산의 콘도를 매입했다는 사실은 경종을 울렸어야 했다.[21] 그렇지 않았다는 것은 우리가 도둑정치식 부패에 얼마나 익숙해졌는지를 보여주는 증거다.

주식회사 독재정치와의 거래 관계는 다른 위험도 수반한다. 유럽 연합 집행위원회 위원장인 우르줄라 폰 데어 라이엔도 2023년 봄에 행한 연설에서 중국과 유럽의 경제 관계가 "불균형하고, 중국의 국가 자본주의 체제가 일으키는 왜곡으로부터 점차 더 많이 영향을 받고 있습니다"라고 주장했다.[22] 좀더 직설적으로 말해, 중국 정부는 대기업의 경쟁을 돕기 위해 보조금을 지급한다. 라이엔은 "투명성, 예측 가능성, 호혜성을 바탕으로 이 관계를 재조정해야 합니다"라고 요구했는데, 이는 중국이 정부 자금을 이용해 우리 산업을 약화하지 못하도록 관세, 무역 금지, 수출 통제가 필요하다는 완곡한 표현이다.

이 경고는 중국과의 경쟁이 무역에만 국한되지 않기 때문에 범위가 더 넓어질 수 있다. 우리는 이제 감시 기술, 인공지능, 사물 인터넷, 음성·안면 인식 시스템, 기타 신기술을 어떻게 발전시켜서 그 개발자와 사용자가 민주적 법률과 인권 원칙, 투명성 기준을 준수하게 할지 결정해야 하는 변곡점에 와 있다. 우리는 이미 소셜미디어 규제에 실패해 전 세계 정치에 부정적 결과를 초래했다. 한 가지 명백한 예로, 만약 인공지능이 정치적 대화를 왜곡하기 전에 규제하지 못한다면 시간이 지남에 따라 치명적 영향을 미칠 것이다. 민주 국가들은 연합을 통해 투명성을 높이고, 국제 표준을 세우고, 독재 국가가 규칙을 정하고 원하는 대로 결과물을 만들지 못하도록 노력해야 한다.

우리는 이 모든 것을 매우 늦게 알아차리고 있다. 모스크바에서 홍콩, 카라카스에 이르기까지 전 세계의 민주화 운동가들은 우리의 산업, 경제 정책, 연구 노력이 다른 나라의 경제적 침략, 나아가 군사적 침략을 가능하게 한다고 이미 경고했다. 그들의 경고는 옳았다.

매우 부유하고 강력한 미국인과 유럽인 중 일부는 이러한 거래에서 양면적 역할을 한다. 우리는 이제 더이상, 부유층이 독재 정권과 거래하고 때로 그 정권의 외교 정책 목표를 촉진하는 동시에, 미국·유럽 정부와 거래하고 민주 세계의 자유 시장에서 시민권과 법적 보호의 지위와 특권을 누리는 것을 용인해선 안 된다. 이제 그들에게 선택을 요구할 때다.

민주주의자들의 단결을 위하여

민주주의자들의 단결. 나는 이 표현을 조심스럽게 쓴다. 나는 이 말을 비아냥대려는 의도로 쓰거나, 민주 세계가 독재 세계를 본받아야 한다고 암시하려는 것은 결코 아니다. 북아메리카·유럽·아시아·아프리카·라틴아메리카의 민주 국가 시민들이 서로 연결되어 있고, 독재 국가 내에서 동일한 가치를 공유하는 사람들과도 서로 연결되어 있다고 우리 모두가 믿어야 한다고 생각하기에 이 말을 쓰는 것이다. 민주주의가 안전하지 않기에 우리는 그 어느 때보다 서로를 필요로 한다. 그 누구의 민주주의도 안전하지 않다.

미국인들은 스스로를 예외적 존재로 상정하는 오랜 역사가 있지만, 미국 국내 정치는 항상 전 세계의 자유와 법치를 위한 더 큰 투쟁과 연결되어 있었으며 거기서 영향을 받았다는 사실을 기억해야 한다. 최근 들어 '요새화된 유럽Fortress Europe'을 열망하는 유럽인들도 러시아의 영향력 확대 운동과 중국의 상업적 이해관계가 자신들의 정치를 규정하고 선택을 제한하는 현실을 알아차려야 한다. 우리는 '서구'가 세계에 영향을 미친다고 생각하는 데 익숙하지만, 오늘날 그 영향력은 종종 그 반대 방향으로 이루어진다. 설사 우리가 이를 믿지 않거나 인정하지 않는다 해도 그 영향력이 사라지지는 않는다.

파리 시민, 마드리드 시민, 뉴욕 시민, 런던 시민은 대개 러시아, 중국, 이란, 베네수엘라의 정치 지도자들에게 별다른 감정을 느끼지 않는다. 그러나 이 국가들의 지도자들은 파리, 마드리드, 뉴욕, 런던에서 일어나는 일에 세심하게 주의를 기울인다. 그들은 민주주의, 반부패, 정의처럼 우리가 무심코 사용하는 언어가 자신들의 권력에 위험을 초래한다는 것을 잘 안다. 많은 사람들이 그러하듯이 우리가 눈과 귀를 가리고 알아차리지 못하더라도, 그들은 계속해서 우리의 정치와 경제를 자신들에게 유리하게 끌어가려고 힘을 쏟을 것이다.

고립주의는 오늘날처럼 서로 연결된 세계의 추악함에 대응하는 본능적이고 이해할 만한 반응이다. 민주 국가의 일부 정치인에게는 여전히 고립주의가 그들이 권력을 잡는 길을 열어주는 방안이 될 수 있다. 브렉시트 운동은 "통제권을 되찾자"라는 은유를 사용해 성공했는데, 이는 당연한 결과다. 지구 반대편에서 벌어지는 사건이 우리 동네와 마을의 일자리와 물가에 영향을 미칠 수 있는 세상에서 모두가 더 강한 통제권을 원하기 때문이다. 그러나 영국이 유럽 연합에서 탈퇴함으로써 영국이 세계를 형성하는 데 더 큰 권한을 갖게 되었는가? 외국 자금이 영국 정치를 좌우하는 것을 막았는가? 중동 전쟁 지역의 난민들이 영국으로 이동하는 것을 막았는가? 그렇지 않았다.

때로 현실주의라고 불리는 것의 유혹은 고립주의만큼이나 강하다. 이것은 국가는 오로지 권력 투쟁에 의해 동기가 부여되며, 영원한 이해관계와 영구적인 지리적·정치적 지향점을 가진다는 믿음이다. 이것은 적어도 무관심한 사람들에게는 호소력이 있기 때문에, 고립주의와 마찬가지로 오해를 불러일으킬 수 있다. 국가가 절대로 변하지 않는다면, 당연히 우리는 국가를 변화시키기 위해 노력할 필요가 없다. 국가에 영구적 방향성이 있다면, 우리는 그것이 무엇인지 알아내고 익숙해지기만 하면 된다. 그러나 러시아-우크라이나 전쟁은 국가가 리스크 게임●의 말과 같은 단순한 존재가 아님을 보여주었다. 국가의 행위는 비겁한 행동과 용감한 행동, 현명한 지도자와 잔인한 지도자, 그리고 무엇보다 선의와 악의에 의해 바뀔 수 있다. 국가 간 상호작용은 불가피한 일이고, 이들의 동맹 관계 혹은 적대 관계는 계속 바뀐다. 2022년 2월까지 존재하지 않던 우크라이나 원조를 위한 연합체는 전쟁이 발발한 뒤 형성되었다. 이 연합체는 불가피한 것으로 보였던 러시아의 신속한 우크라이나 정복을 불가능하게 만들었다. 같은 맥락에서, 다른 방식으로 사고하는 다른 부류의 러시아 지도자가 전쟁을 빨리 끝낼 수도 있다.

● 정치적으로 영역이 나뉜 세계 지도 판 위에서 외교, 분쟁, 정복 등의 전략을 구사해 모든 영역을 점령하면 이기는 보드게임.

자유주의 세계 질서는 더이상 존재하지 않고, 자유주의 세계 질서를 세우려는 열망도 더이상 현실적으로 보이지 않는다. 그러나 자유주의 사회, 개방적이고 자유로운 국가는 폐쇄적인 독재 정권보다 사람들에게 유용한 삶을 누릴 수 있는 더 나은 기회를 제공한다. 물론 이러한 사회와 국가는 완벽하지 않다. 현존하는 국가는 심대한 결함, 심각한 분열, 끔찍한 역사적 상처를 지니고 있다. 그러나 바로 그러하기에 우리가 국가를 방어하고 보호해야 할 필요성이 더 커진다. 인류 역사 내내 존재한 국가는 극소수이며, 많은 국가가 짧은 기간 존재했다가 사라졌다. 국가는 파괴될 수 있다. 외부의 침입에 의해서든, 내부 분열과 선동 세력에 의해서든. 반면 국가가 지켜질 수도 있다. 그 안에서 살아가는 우리가 기꺼이 국가를 지키려고 애쓴다면 말이다.

감사의 말

이 책의 제목인 '주식회사 독재정치Autocracy Inc.'는 민주주의 활동가이자 심오한 정치사상가 스르자 포포비치와 나눈 대화에서 나왔다. 그의 저작은 다른 사람들의 저작과 마찬가지로 내게 중요한 영감의 원천이다. 예브게니아 알바츠, 라단 보로우만드, 제임스 보스워스, 토머스 캐러더스, 닉 도너번, 데니세 드레세르, 스티븐 펠드스타인, 개리 카스파로프, 조슈아 컬랜칙, 레오폴도 로페스, 에반 마와리레, 로사 마리아 파야, 피터 포메란체프, 알렉산더 시코르스키, 라데크 시코르스키, 타데우시 시코르스키, 스뱌틀라나 치하노우스카야, 크리스토퍼 워커, 잭 워틀링, 데이먼 윌슨, 태미 위츠와의 대화도 이 책에 담긴 발상에 기여했다.

컬런 머피는 중요한 초기 독자이자 편집자였고, 프란시스코 토로는 그에 못지않게 중요한 후기 독자이자 편집자였다. 애비게일

스칼카는 조사 작업을 도와주었다. 류엘 마크 게레히트, 크리스토퍼 워커, 피터 포메란체프, 안드레아 켄덜테일러는 원고의 일부를 읽어주었다. 제프리 골드버그와 스콧 스토셀은 이 책 〈들어가며〉의 바탕이 된《애틀랜틱》의 기고문 〈나쁜 자들이 이기고 있다〉를 청탁하고 편집해주었다. 단테 라모스는 내가 이 책을 저술하는 데 사용한 열 편 이상의 또다른《애틀랜틱》기고문을 대부분 편집해주었다.

　나의 영국 편집자 스튜어트 프로피트, 미국 편집자 크리스 푸오폴로, 저작권 에이전트 조지 보르하르트 세 사람에게 특히 고맙다. 그들은 20년 넘게 나와 함께 일해주었다. 2003년에《굴라크: 소련 강제수용소의 역사Gulag: A History》(한국어판 제목은《굴락》(전2권))를 출간했을 때와 마찬가지로 나는 이들에게 감사한 마음이다. 이들처럼 오랫동안 내 담당 편집자로 일해준 노라 라이하르트, 편집장 메러디스 드로스와 비미 산토키, 제작 담당자 밥 보이치에호프스키, 디자이너 마이클 콜리카, 그리고 세라 하이예트와 애너벨 헉슬리가 이끄는 더블데이와 펭귄의 뛰어난 편집진에게도 감사한 마음이다.

주

들어가며: 주식회사 독재정치

1 그들은 개인 중심적 독재자(personalist dictator)라고도 불린다. 다음을 보라. Erica Frantz, Andrea Kendall-Taylor, and Joe Wright, *The Origins of Elected Strongmen: How Personalist Parties Destroy Democracy from Within* (Oxford: Oxford University Press, 2024).

2 인권 단체 프리덤하우스는 자유 제한적인 56개 국가를 발표했다. *Freedom in the World*, 2024, freedomhouse.org, 접속일 Feb. 20, 2024.

3 "Belarus: Statement by the High Representative on Behalf of the European Union on the Third Anniversary of the Fraudulent Presidential Elections," European Neighbourhood Policy and Enlargement Negotiations (DG NEAR), Aug. 8, 2023, neighbourhood-enlargement.ec.europa.eu; OSCE, "OSCE Monitors Condemn Flawed Belarus Vote, Crackdown," press release, Dec. 20, 2010, www.oscepa.org.

4 Ma Li Wenbo and Yekaterina Radionova, "The Great Stone China-Belarus Industrial Park," Dreams Come True, 2019, www.mofcom.gov.cn, 접속일 Feb. 16, 2024.

5 Claudia Chiappa, "Lukashenko to Iran: Let's Be BFFs," *Politico*, Oct. 17, 2023.

6 "Belarus TV Staffs Up with Kremlin-Funded Journalists—RBC," *Moscow Times*, Sept. 1, 2020.

7 "Russia Discusses Debt, Energy Stability with Venezuela," Reuters, Dec. 14, 2022.

8 "Venezuela Assembles Tractors with Support from Belarus," *Kawsachun News*, March 15, 2022.

9 "How Venezuela's Stolen Gold Ended Up in Turkey, Uganda, and Beyond,"

InSight Crime, March 21, 2019.

10   "Venezuela Defends Purchase of Chinese Riot-Control Gear After More Than 70
      Deaths in Street Protests," *South China Morning Post*, June 19, 2017.

11   Alessandra Soler and Giovana Fleck, "Is China Exporting Its Surveillance State to
      Venezuela?," Global Voices, Sept. 28, 2021, globalvoices.org.

12   2020년 중반, 베네수엘라 국민의 13퍼센트만이 마두로를 긍정적으로 평가했다.
      또한 2020년 선거 직전 독립 여론조사 기관의 설문에서 루카셴코의 지지율은
      29.5퍼센트로 나타났다.

13   Cynthia J. Arnson, ed., *Venezuela's Authoritarian Allies: The Ties That Bind?*
      (Washington, D.C.: Woodrow Wilson International Center for Scholars, 2021), 9,
      www.wilsoncenter.org.

14   William Taubman, *Khrushchev: The Man and His Era* (New York: W. W. Norton,
      2004), 553.

15   이처럼 교묘한 독재 정권의 은폐 유형은 다음을 보라. Sergei Guriev and Daniel
      Treisman, *Spin Dictators: The Changing Face of Tyranny in the 21st Century*
      (Princeton, NJ.: Princeton University Press, 2022).

16   Raz Zimmt, "As President Raisi Visits China: Renewed Debate on Iran's Policy
      Regarding Uyghur Muslims," Lester and Sally Entin Faculty of Humanities, Tel
      Aviv University, March 2023, en-humanities.tau.ac.il.

17   스르자 포포비치와의 인터뷰, Aug. 6, 2020.

18   예를 들어 중화인민공화국은 베트남사회주의공화국과 싸웠다.

19   Lenin, *Collected Works*, vol. 28 (Moscow: Progress Publishers, 1965), 243.

20   Vladimir I. Lenin, "Greetings to Italian, French, and German Communists,"
      Oct. 10, 1919, in *Collected Works*, 4th ed. (Moscow: Progress Publishers, 1965),
      30:52-62, www.marxists.org.

21   Jill Lepore, "The Last Time Democracy Almost Died," *The New Yorker*, Jan. 27,
      2020.

22   Rainer Zitelmann, *Hitler's National Socialism* (Oxford: Management Books, 2000,
      2022).

23 Mao Zedong, "On Correcting Mistaken Ideas in the Party," Dec. 1929, www. marxists.org.

24 Revolutionary Council of the Union of Burma, "The Burmese Way to Socialism," April 1962, www.scribd.com.

25 Ladan Boroumand and Roya Boroumand, "Terror, Islam, and Democracy," *Journal of Democracy* 13, no. 2 (April 2002).

26 Chris Buckley, "China Takes Aim at Western Ideas," *New York Times*, Aug. 19, 2013.

27 Interfax-Ukraine, "Putin Calls 'Color Revolutions' an Instrument of Destabilization," *Kyiv Post*, Dec. 15, 2011.

28 Anne Applebaum and Nataliya Gumenyuk, "Incompetence and Torture in Occupied Ukraine," *Atlantic*, Feb. 14, 2023, www.theatlantic.com.

29 "Russia's Systematic Program for the Re-education and Adoption of Ukraine's Children," Conflict Observatory, Feb. 14, 2023, hub.conflictobservatory.org.

30 Rikard Jozwiak, "Ukraine Accuses Russia of Targeting Rescue Workers in Deadly Strike," RFE/RL, Aug. 8, 2023, www.rferl.org.

31 Maria Domańska, Iwona Wiśniewska, and Piotr Żochowski, "Caught in the Jaws of the 'Russkiy Mir': Ukraine's Occupied Regions a Year After Their Annexation," *Ośrodek Studiów Wschodnich* (Warsaw), Oct. 11, 2023, www.osw.waw.pl.

32 Sergei Lavrov, "Lavrov Said That There Is Hope for a Compromise in Negotiations with Ukraine," Tass, March 16, 2022, tass.ru.

33 Joe Biden, "Remarks by President Biden Ahead of the One-Year Anniversary of Russia's Brutal and Unprovoked Invasion of Ukraine," White House, Feb. 21, 2023, www.whitehouse.gov.

34 "Joint Statement of the Russian Federation and the People's Republic of China on the International Relations Entering a New Era and the Global Sustainable Development," President of Russia, Feb. 4, 2022, www.en.kremlin.ru.

35 Dan De Luce, "China Helps Russia Evade Sanctions, Likely Supplies Moscow with War Tech Used in Ukraine," NBC News, July 27, 2023, www.nbcnews.com.

36　Armani Syed, "Iranian 'Kamikaze' Drones: Why Russia Uses Them in Ukraine," *Time*, Oct. 20, 2022, time.com.

37　Mike Eckel, "Report: North Korea Shipping Ammunition, Weaponry 'at Scale' to Russia," RFE/RL, Oct. 17, 2023, www.rferl.org.

38　Oleksiy Pavlysh, *Ukrainska Pravda*, July 18, 2022, as reported in www.yahoo.com.

39　Alexander Kupatadze and Erica Marat, *Under the Radar: How Russia Outmanoeuvres Western Sanctions with Help from Its Neighbours*, Serious Organised Crime & Anti-Corruption Evidence Research Programme, Aug. 2023.

40　Catherine Belton, "Russia Oozes Confidence as It Promotes Anti-Western Global Alliances," *Washington Post*, Jan. 27, 2024.

1장 얽히고설킨 탐욕

1　Thane Gustafson, *The Bridge: Natural Gas in a Redivided Europe* (Cambridge, Mass.: Harvard University Press, 2020), 40.

2　"Bonn and Moscow Sign Pact Trading Pipes for Gas," *New York Times*, Feb. 2, 1970.

3　Per Högselius, *Red Gas: Russia and the Origins of European Energy Dependence* (New York: Palgrave Macmillan, 2013), 118-19.

4　Egon Bahr, "Wandel durch Annäherung," speech in the Evangelical Academy Tutzing, July 15, 1963, 100(0) Schlüsseldokumente zur deutschen Geschichte im 20. Jahrhundert, 100(0) Schlüsseldokumente zur russischen und sowjetischen Geschichte (1917-1991), Bayerische Staatsbibliothek, Munich, www.1000 dokumente.de.

5　Monica Raymunt, "West Germany's Cold War Ransoming of Prisoners Encouraged Fraud: Research," Reuters, April 10, 2014.

6　Timothy Garton Ash, *In Europe's Name: Germany and the Divided Continent* (New York: Vintage Press, 1994).

7　Charles W. Carter, "The Evolution of US Policy Toward West German-Soviet

Trade Relations, 1969–89," *International History Review* 34, no. 2 (June 2012): 223.

8   Ibid., 229.

9   Ibid., 221–44.

10 Julian Gewirtz, *Unlikely Partners: Chinese Reformers, Western Economists, and the Making of Global China* (Cambridge, Mass.: Harvard University Press, 2017).

11 Ronald Reagan, "Remarks upon Returning from China," May 1, 1984, Ronald Reagan Presidential Library, www.reaganlibrary.gov.

12 Bill Clinton, "President Clinton's Remarks on China," Clinton White House, Oct. 24, 1997, clintonwhitehouse4.archives.gov.

13 Bill Clinton, "Full Text of Clinton's Speech on China Trade Bill," Institute for Agriculture and Trade Policy, March 8, 2000, www.iatp.org.

14 Gerhard Schröder, "China: Warum wir Peking brauchen," *Die Zeit*, July 17, 2008, www.zeit.de.

15 Rhyannon Bartlett, Pak Yiu, and staff writers, "Britain 'Delusional' over Chinese Democracy: Ex-Gov. Patten," *Nikkei Asia*, July 1, 2022, asia.nikkei.com.

16 Leon Aron, *Roads to the Temple: Truth, Memory, Ideas and Ideals in the Making of the Russian Revolution, 1987–1991* (New Haven, Conn.: Yale University Press, 2012), 37 and 49.

17 Leon Aron, *Roads to the Temple: Truth, Memory, Ideas, and Ideals in the Making of the Russian Revolution, 1987–1991* (New Haven, Conn.: Yale University Press, 2012), 30.

18 Yegor Gaidar, "Conversations with History: Yegor Gaidar," YouTube, 2008.

19 Catherine Belton, *Putin's People: How the KGB Took Back Russia and Then Took On the West* (New York: Farrar, Straus and Giroux, 2020), 21–23.

20 Karen Dawisha, *Putin's Kleptocracy: Who Owns Russia?* (New York: Simon & Schuster, 2015), 8.

21 Belton, *Putin's People*, 19–49.

22 Dawisha, *Putin's Kleptocracy*, 106–32; Belton, *Putin's People*, 87–91.

23 Dawisha, *Putin's Kleptocracy*, 132–45.

24 Dawisha, *Putin's Kleptocracy*, 140.

25 Vladimir Putin, "Послание Президента Российской Федерации от 08.07.2000 г. 6/н," Президент России, July 7, 2000, www.kremlin.ru.

26 Vladimir Putin, "Послание Президента Российской Федерации от 18.04.2002," Kremlin.ru, April 18, 2002, www.kremlin.ru.

27 Anne Applebaum, "Should Putin Host the G-8?," *The Spectator*, July 8, 2006.

28 "G-8 Leaders Issue Statement on Energy," Voice of America, July 13, 2006, voanews.com.

29 Casey Michel, *American Kleptocracy* (New York: St. Martin's Press, 2021), 206.

30 "United States Files Civil Forfeiture Complaint for Proceeds of Alleged Fraud and Theft from PrivatBank in Ukraine," Department of Justice, Jan. 20, 2022, www.justice.gov.

31 Craig Unger, "Trump's Businesses Are Full of Dirty Russian Money. The Scandal Is That It's Legal," *Washington Post*, March 29, 2019.

32 Dan Alexander, "Mysterious Buyer Pumps $2.9 Million into President Trump's Coffers," *Forbes*, March 19, 2019, www.forbes.com.

33 Gabriel Gavin, "Ukraine Launches Criminal Case Against Oligarch Kolomoisky," *Politico*, Sept. 2, 2023, www.politico.eu.

2장 전이되는 도둑정치

1 Agustín Blanco Muñoz, *Habla Jesús Urdaneta Hernandez, el comandante irreductible* (Caracas: Universidad Central de Venezuela, 2003), 28.

2 "Los billonarios recursos que Pdvsa logró… y perdió," Transparencia Venezuela, May 2020, transparenciave.org. 국제투명성기구(Transparency International) 산하 '투명성 베네수엘라'에 따르면, 총 가치가 1조 2000억 달러에 이르는 베네수엘라산 석유 중 4000억 달러어치는 자국에서 거의 무상에 가까운 값으로 소비되었다.

3 "Portugal Investigating Fraud Linked to Venezuela PDVSA Funds, PDVSA Says,"

Reuters, June 24, 2017.

4 Sylvain Besson and Christian Brönnimann, "Une nouvelle enquête vise les milliards de la corruption vénézuélienne," *Tribune de Genève*, Jan. 16, 2021, www. tdg.ch.

5 Valentina Lares and Nathan Jaccard, "Los dineros negros de Andorra se lavan en el Caribe," Armando Info, Dec. 1, 2021, armando.info.

6 "Los billonarios recursos que Pdvsa logró ⋯ y perdió."

7 프란시스코 토로와의 인터뷰, autumn 2023.

8 Lucas Goyret, "Corrupción chavista: Cuál es el destino de los miles de millones de dólares robados por la dictadura venezolana que son decomisados por Estados Unidos," *Infobae*, June 5, 2021, www.infobae.com.

9 Federico Parra, "Venezuelan Officials, Others Charged with Laundering $1.2 Billion in Oil Funds," *Miami Herald*, July 25, 2018.

10 Jay Weaver and Antonio M. Delgado, "Venezuela's Elite Face Scrutiny in $1.2 Billion Laundering Probe," *Miami Herald*, Nov. 3, 2019.

11 "British Opposition Leader Corbyn Declines to Condemn Venezuela's Maduro," Reuters, Aug. 7, 2017.

12 Robert Rapier, "How Venezuela Ruined Its Oil Industry," *Forbes*, May 7, 2017, www.forbes.com.

13 Alfredo Meza, "Corrupt Military Officials Helping Venezuela Drug Trade Flourish," *El País*, Sept. 26, 2013, english.elpais.com.

14 Jose Guarnizo, "On the Border of Colombia and Venezuela, Illegal Gold Mining Unites Armed Forces," *Mongabay*, May 12, 2023, news.mongabay.com.

15 Alexander Olvera, "Para pastorear vacas quedó ferrocarril Tinaco–Anaco," El Pitazo, 2016, www.youtube.com.

16 Imdat Oner, *Turkey and Venezuela: An Alliance of Convenience* (Washington, D.C.: Wilson Center, 2020), www.wilsoncenter.org.

17 Joseph M. Humire, "The Maduro-Hezbollah Nexus: How Iran-Backed Networks Prop Up the Venezuelan Regime," The Atlantic Council, Oct. 7, 2020,

atlanticcouncil.org.

18 "22-CR-434," Department of Justice, Oct. 19, 2022, www.justice.gov.

19 Uebert Angel, TheMillionaireAcademy, 2023, themillionaireacademy.org.

20 Al Jazeera Investigations, *Gold Mafia*, youtube.com.

21 "Uebert Angel's Office Responds to Al-Jazeera Documentary, *The Zimbabwean*, March 25, 2023," www.thezimbabwean.co.

22 Rikki Doolan (@realrikkidoolan), X.com, 2023, twitter.com/realrikkidoolan.

23 "Pastor Rikki Doolan Responds on Gold Mafia Aljazeera Documentary," www.youtube.com/watch?v=hblbCh8xi4s.

24 MacDonald Dzirutwe, "Ghosts of Past Massacres Haunt Zimbabwe's Mnangagwa Before Election," July 6, 2018, Reuters. Mnangagwa denies these charges.

25 Lily Sabol, "Kleptocratic Adaptation: Anticipating the Next Stage in the Battle Against Transnational Kleptocracy," National Endowment for Democracy, Jan. 17, 2023, www.ned.org.

26 Mark Lowen, "Turkey Warned over Venezuela Gold Trade," BBC, Feb. 2, 2019, www.bbc.com/news.

27 Rikard Jozwiak, Kubatbek Aibashov, and Chris Rickleton, "Reexports to Russia: How the Ukraine War Made Trade Boom in Kyrgyzstan," RFE/RL, Feb. 18, 2023, www.rferl.org.

28 "Joint Statement After Kyrgyz's Recent Crackdowns on Independent Media," Civil Rights Defenders, Jan. 16, 2024, crd.org.

29 Bektour Iskender, "The Crime-Fighting Power of Cross-Border Investigative Journalism," TED, April 2022, ted.com.

30 RFE/RL's Kyrgyz Service, "Kyrgyzstan Blocks Independent Kloop Website's Kyrgyz Segment," RFE/RL, Nov. 10, 2023, www.rferl.org.

31 Zimbabwe Human Rights Forum, "Political Violence Report 2008," Feb. 13, 2009, 2, ntjwg.uwazi.io.

32 Kitsepile Nyathi, "Zimbabwe's Mnangagwa Entrenching His Power with Constitution Changes," *Citizen*, April 10, 2021, www.thecitizen.co.tz.

33 Albert Mpofu, "Controversy Erupts over Housing Loans to Judges Before Elections in Zimbabwe," Change Radio Zimbabwe, June 9, 2023, changeradiozim babwe.com.

34 "Zimbabwe: Parliament's Passing of 'Patriotic Bill' Is a Grave Assault on the Human Rights," Amnesty International, June 9, 2023, www.amnesty.org.

35 "Treasury Takes Additional Actions in Zimbabwe," U.S. Treasury Department, Dec. 12, 2022, home.treasury.gov.

36 Olayiwola Abegunrin and Charity Manyeruke, *China's Power in Africa: A New Global Order* (London: Palgrave Macmillan, 2020).

37 Guo Shaochun, "Promoting China–Zimbabwe Ties to a New Height," Embassy of the People's Republic of China in the Republic of Zimbabwe, Oct. 2, 2022, zw.china-embassy.gov.cn.

38 Columbus Mavhunga, "Zimbabwe, Chinese Investors Sign $2.8B Metals Park Deal," VOA News, Sept. 22, 2022, www.voanews.com.

39 "Zimbabwe Turns to Chinese Technology to Expand Surveillance of Citizens," *Africa Defense Forum*, Jan. 17, 2023, adf-magazine.com.

40 Allen Munoriyarwa, "Video Surveillance in Southern Africa," Media Policy and Democracy Project, May 7, 2020, www.mediaanddemocracy.com.

41 Henry Foy, Nastassia Astrasheuskaya, and David Pilling, "Russia: Vladimir Putin's Pivot to Africa," *Financial Times*, Jan. 21, 2019, www.ft.com.

42 Brian Latham et al., "Mnangagwa Seeks Cash in Russia as Zimbabwe Slides into Chaos," Bloomberg.com, Jan. 15, 2019.

43 Bloomberg, "Russian Diamond Giant Alrosa Is Returning to Zimbabwe," *Moscow Times*, Jan. 15, 2019.

44 Nick Mangwana (@nickmangwana), Twitter, July 27, 2023, 10:23 a.m., x.com/ nickmangwana.

3장 담론 통제하기

1 Max Frankel, review of *Iron Curtain*, by Anne Applebaum, *New York Times*, Nov.

21, 2012, www.nytimes.com. 프랭클이 부정적인 서평을 쓴 주요한 이유는 그가 소련의 전술이 이미 낡았으며 다시는 되살아날 수 없다고 생각했기 때문이다. 그러나 그 2년 후인 2014년에 크림반도와 우크라이나 동부를 점령한 러시아는 붉은군대와 NKVD(내부인민위원회)가 1945년에 사용했던 전술을 거의 똑같이 구사했다.

2   Jason P. Abbott, "Of Grass Mud Horses and Rice Bunnies: Chinese Internet Users Challenge Beijing's Censorship and Internet Controls," *Asian Politics and Policy* 11, no. 1 (2019): 162–77; Peng Li, "Provisional Management Regulations for the International Connection of Computer Information Networks of the People's Republic of China," Feb. 1, 1996, DigiChina, digichina.stanford.edu.

3   Jim Hu, "Yahoo Yields to Chinese Web Laws," CNET, Aug. 14, 2002, cnet.com.

4   Anne Applebaum, "Let a Thousand Filters Bloom," *Washington Post*, July 19, 2005.

5   Kaveh Waddell, "Why Google Quit China—and Why It's Heading Back," *Atlantic*, Jan. 19, 2016, www.theatlantic.com.

6   Ryan Gallagher, "Google Plans to Launch Censored Search Engine in China, Leaked Documents Reveal," *Intercept*, Aug. 1, 2018, theintercept.com; "Google's Project Dragonfly 'Terminated' in China," BBC, July 17, 2019, www.bbc.com.

7   Ross Andersen, "China's Artificial Intelligence Surveillance State Goes Global," *Atlantic*, Sept. 15, 2020, www.theatlantic.com.

8   Ibid.

9   Sheena Chestnut Greitens, "Dealing with Demand for China's Global Surveillance Exports," Brookings Institution, April 2020, www.brookings.edu.

10   Steven Feldstein, "How Artificial Intelligence Is Reshaping Repression," *Journal of Democracy* 30, no. 1 (Jan. 2019).

11   Problem Masau, "Smart Anti-Crime Solutions," ChinAfrica, May 3, 2024, chinafrica.cn.

12   Ibid.

13   Lun Tian Yew, "Protests Erupt in Xinjiang and Beijing After Deadly Fire,"

Reuters, Nov. 26, 2022.

14 Josh Smith, "Inside the Spectacle and Symbolism of North Korea's Mass Games,"
    Reuters, Sept. 6, 2018.

15 Julie Nolke, "Covid-19 — Once upon a Virus⋯," YouTube, 2020, www.youtube.
    com.

16 "Chinese Netizens Jeer Riot in US Capitol as 'Karma,' Say Bubbles of 'Democracy
    and Freedom' Have Burst," Global Times, Jan. 7, 2021, globaltimes.cn.

17 Brett McKeehan, "China's Propaganda Machine Is Intensifying Its 'People's War'
    to Catch American Spies," CNN, Oct. 18, 2021, www.cnn.com.

18 Nataliya Popovych et al., "Image of European Countries on Russian TV," Ukraine
    Crisis Media Center, May 2018, uacrisis.org.

19 Pjotr Sauer, "Russia Outlaws 'International LGBT Public Movement' as
    Extremist," Guardian, Nov. 30, 2023.

20 Documentation in Kristina Stoeckl and Dmitry Uzlaner, The Moralist
    International: Russia in the Global Cultural Wars (New York: Fordham University
    Press, 2022).

21 Anne Applebaum, "Conservatives and the False Romance of Russia," Atlantic,
    Dec. 12, 2019, www.theatlantic.com.

22 Kate Shellnutt, "Russian Evangelicals Penalized Most Under Anti-Evangelism
    Law," Christianity Today, May 7, 2019, www.christianitytoday.com.

23 David Neiwert, "When White Nationalists Chant Their Weird Slogans, What Do
    They Mean?," Southern Poverty Law Center, Oct. 10, 2017, www.splcenter.org.

24 Elizabeth G. Arsenault and Joseph Stabile, "Confronting Russia's Role in
    Transnational White Supremacist Extremism," Just Security, Feb. 6, 2020, www.
    justsecurity.org.

25 Sauer, "Russia Outlaws 'International LGBT Public Movement' as Extremist";
    Darya Tarasova, Gul Tuysuz, and Jen Deaton, "Police Raid Gay Venues in Russia
    After Top Court Bans 'International LGBTQ Movement,'" CNN, Dec. 4, 2023,
    edition.cnn.com.

26 Sabiti Makara and Vibeke Wang, "Uganda: A Story of Persistent Autocratic Rule,"
   in *Democratic Back-sliding in Africa?: Autocratization, Resilience, and Contention*,
   ed. Leonardo R. Arriola, Lise Rakner, and Nicolas Van de Walle (Oxford: Oxford
   University Press, 2022).

27 Anne Applebaum, "Tucker Carlson, the American Face of Authoritarian
   Propaganda," *Atlantic*, Sept. 21, 2023, www.theatlantic.com.

28 Peter Pomerantsev, "Beyond Propaganda," *Foreign Policy*, June 23, 2015,
   foreignpolicy.com.

29 Annia Ciezadlo, "Analysis: Why Assad's Propaganda Isn't as Crazy as It Seems,"
   Atlantic Council, Oct. 7, 2016, www.atlanticcouncil.org.

30 Christopher Walker, "What Is 'Sharp Power'?," *Journal of Democracy* 29, no. 3
   (July 2018), www.journalofdemocracy.org.

31 Didi Kirsten Tatlow, "China's Influence Efforts in Germany Involve Students,"
   Atlantic, July 12, 2019, www.theatlantic.com.

32 "Confucius Institute," Confucius Institute, 2024, 접속일 Feb. 18, 2024, ci.cn;
   Wagdy Sawahel, "Confucius Institutes Increase as Another Opens in Djibouti,"
   University World News, April 6, 2023.

33 Joshua Kurlantzick, *Beijing's Global Media Offensive: China's Uneven Campaign to
   Influence Asia and the World* (Oxford: Oxford University Press, 2023), 181-99.

34 Joshua Kurlantzick, "Can China's State Media Become as Trusted as the BBC?,"
   Foreign Policy, Dec. 5, 2022, foreignpolicy.com.

35 Joshua Eisenman, "China's Media Propaganda in Africa: A Strategic Assessment,"
   United States Institute of Peace, March 16, 2023, www.usip.org.

36 Ryan Fedasiuk, "How China's United Front System Works Overseas," *Strategist*,
   April 13, 2022, www.aspistrategist.org.au.

37 Eisenman, "China's Media Propaganda in Africa."

38 "Russia Has No Expansionist Plans in Europe: Lavrov," Telesur English, Nov. 27,
   2023, www.telesurenglish.net.

39 "Informe: El nuevo coronavirus es resultado de un complot sionista," HispanTV,

March 19, 2020, www.hispantv.com.

40 Martina Schwikowski, "Russia Targets Africa with Propaganda Machine," DW, Nov. 29, 2022, www.dw.com.

41 "RT Moves Its Pawns in Africa, Opening a Bureau in Algeria," Reporters Without Borders, April 4, 2023, rsf.org.

42 Thinus Ferreira, "Russia's RT Channel Eyes African Expansion with SA Headquarters," News24, July 26, 2022, www.news24.com.

43 Katie Zabadski, "Putin's Propaganda TV Lies About Its Popularity," *Daily Beast*, April 14, 2017. 2015년에 불만을 품은 옛 리아 노보스티(RIA Novosti) 직원들이 《데일리 비스트(Daily Beast)》에 공개한 문서에 따르면, 당시 RT는 미국 내 3만 가구 미만에서 매일 밤 시청되고 있었고, 가장 성공적인 시장은 "전체 시청 인구의 0.17퍼센트"를 끌어들인 영국이었다.

44 Mobashra Tazamal, "How Russian Bots Instrumentalized Islamophobia (but Don't Just Blame the Bots)," Bridge Initiative, Feb. 2, 2018, bridge.georgetown.edu.

45 NBC News, "How Russia Sent a Small Idaho Town into a Fake News Tailspin: NBC Left Field | After Truth," YouTube, www.youtube.com.

46 Adan Salazar, "Russian Strikes Targeting US-Run Bio-Labs in Ukraine?," Infowars, Feb. 24, 2022, www.infowars.com.

47 Justin Ling, "How a QAnon Conspiracy Theory About Ukraine Bioweapons Became Mainstream Disinformation," CBC, April 13, 2022, www.cbc.ca.

48 "Tucker: The Pentagon Is Lying About Bio Labs in Ukraine," Fox News, March 9, 2022, www.foxnews.com.

49 "Foreign Ministry Spokesperson Zhao Lijian's Regular Press Conference on March 8, 2022," Ministry of Foreign Affairs of the People's Republic of China, March 9, 2022, fmprc.gov.cn.

50 "U.S.-Led Biolabs Pose Potential Threats to People of Ukraine and Beyond: Ukrainian Ex-officer," Xinhua, April 14, 2022, english.news.cn; "Russia Urges U.S. to Explain Purpose of Biological Labs in Ukraine," Xinhua, March 10, 2022,

english.news.cn.

51 Edward Wong, "U.S. Fights Bioweapons Disinformation Pushed by Russia and China," *New York Times*, March 10, 2022.

52 Jose C. Rodriguez, "US Resumes Biolab Program in Ukraine," Telesur English, April 7, 2023, www.telesurenglish.net.

53 "Russia Says Has Documents Showing US Biolab Activities in Ukraine," PressTV, Jan. 31, 2023, www.presstv.ir.

54 Ling, "How a QAnon Conspiracy Theory About Ukraine Bioweapons Became Mainstream Disinformation."

55 U.S. Department of State, "The Kremlin's Efforts to Covertly Spread Disinformation in Latin America," press release, Nov. 7, 2023, www.state.gov; María Zakharova, "BioBiden," Pressenza International Press Agency, March 29, 2022, www.pressenza.com.

56 Julian Borger, Jennifer Rankin, and Martin Farrer, "Russia Makes Claims of US-Backed Biological Weapon Plot at UN," *Guardian*, March 11, 2022.

57 Hannah Gelbart, "The UK Company Spreading Russian Fake News to Millions," BBC, April 4, 2023, www.bbc.com/news.

58 Michael R. Gordon et al., "Russian Intelligence Is Pushing False Claims of U.S. Biological Testing in Africa, U.S. Says," *Wall Street Journal*, Feb. 8, 2024.

59 Viginum, "RRN: A Complex and Persistent Information Manipulation Campaign," General Secretariat for Defense and National Security, République Française, July 19, 2023, www.sgdsn.gouv.fr.

60 Ibid.

61 Catherine Belton and Joseph Menn, "Russian Trolls Target U.S. Support for Ukraine, Kremlin Documents Show," *Washington Post*, April 8, 2024.

62 Avery Lotz, "House Intelligence Committee Chair Says Russian Propaganda Has Spread Through Parts of GOP," CNN, April 7, 2024, cnn.com.

63 Oiwan Lam, "Amidst Typhoon Rescue Efforts in Japan, a Taiwanese Diplomat Dies. Did Misinformation Play a Role?," Global Voices, Sept. 22, 2018,

globalvoices.org.

64 Steven L. Myers, "China Sows Disinformation About Hawaii Fires Using New Techniques," *New York Times*, Sept. 11, 2023.

65 Tiffany Hsu and Steven L. Myers, "China's Advancing Efforts to Influence the U.S. Election Raise Alarms," *New York Times*, April 1, 2024; Elise Thomas, "Pro-CCP Spamouflage Campaign Experiments with New Tactics Targeting the US," *Digital Dispatches*, Institute for Strategic Dialogue, April 1, 2024, www.isdglobal.org.

66 독재적 성향이 강한 멕시코 좌파 지도자 로페스 오브라도르는 매우 당파적인 매체와 소셜미디어 봇을 결합해 강력한 조합을 만들어냈다. 베네수엘라 계정도 같은 방식으로 텔레수르, 이스판TV, RT 악투알리다드의 자료를 사용했다. 멕시코에서는 RT 악투알리다드의 자료를 자주 공유하는 계정의 약 3분의 2가 로페스 오브라도르의 홍보 자료도 함께 공유한 것으로 나타났다.

67 Javier Lesaca, "Russian Network Used Venezuelan Accounts to Deepen Catalan Crisis," *El País*, Nov. 11, 2017, english.elpais.com.

68 Ryan C. Berg and Emiliano Polo, "The Political Implications of Mexico's New Militarism," *CSIS*, Sept. 5, 2023, www.csis.org.

69 Juan A. Quintanilla, "Letter to the Secretary of Foreign Affairs Marcelo Ebrard," Human Rights Watch, March 3, 2023, www.hrw.org.

70 José Bautista and Michael Schwirtz, "Married Kremlin Spies, a Shadowy Mission to Moscow, and Unrest in Catalonia," *New York Times*, Sept. 23, 2021.

4장 판을 새로 짜기

1 "Universal Declaration of Human Rights," UN.org.

2 Helsinki Final Act, Conference on Security and Co-operation in Europe, OSCE, Aug. 1, 1975, www.osce.org.

3 "Charter of the Organization of American States," cidh.oas.org.

4 Ken Moritsugu and Jamey Keaten, "To China's Fury, UN Accuses Beijing of Uyghur Rights Abuses," AP News, Sept. 1, 2022, apnews.com.

5 "Situation in Ukraine: ICC Judges Issue Arrest Warrants Against Vladimir

Vladimirovich Putin and Maria Alekseyevna Lvova-Belova," International Criminal Court, March 17, 2023, www.icc-cpi.int.

6   "Full Text of Xi Jinping's Report at 19th CPC National Congress," *China Daily*, Nov. 4, 2017, chinadaily.com.cn.

7   Andréa Worden, "China at the UN Human Rights Council: Conjuring a 'Community of Shared Future for Humankind'?," in *An Emerging China-Centric Order: China's Vision for a New World Order in Practice*, ed. Nadège Rolland, National Bureau of Asian Research, NBR Special Report 87, Aug. 2020, www.nbr.org.

8   RG.RU, "О чем рассказал Владимир Путин на пленарном заседании ПМЭФ," Российская газета, June 2, 2017, rg.ru.

9   António Guterres, Instagram, Aug. 31, 2023, www.instagram.com.

10 Fareed Zakaria, *The Post-American World and the Rise of the Rest* (London: Penguin Books, 2008).

11 Ivan U. Klyszcz, "Messianic Multipolarity: Russia's Resurrected Africa Doctrine," Riddle, April 6, 2023, ridl.io.

12 Mark Trevelyan, "As He Seizes Ukrainian Lands, Putin Is Silent on War Failings," Reuters, Sept. 30, 2022.

13 "Путин заявил, что Россия находится в авангарде создания справедливого мироустройства," Tass, Nov. 28, 2023, tass.ru.

14 "Mali: New Atrocities by Malian Army, Apparent Wagner Fighters," Human Rights Watch, July 24, 2023, www.hrw.org.

15 Mamadou Makadji, "L'Afrique revendique un monde multipolaire lors de la Semaine Russe de l'Énergie," Mali Actu, Oct. 15, 2023, maliactu.net.

16 "Xinhua Commentary: This Time for Africa and a Multipolar World," Xinhua, Sept. 11, 2023, english.news.cn.

17 Danny Haiphong, "China's Diplomacy Injects Vitality into the Multipolar World," CGTN, Sept. 27, 2023, news.cgtn.com.

18 Ben Norton, "Venezuela at UN: We Must Build Multipolar 'World Without

Imperialism,'" Geopolitical Economy Report, Sept. 22, 2021, geopoliticale
conomy.com.

19 Nicolás Maduro, Twitter, Aug. 8, 2023, x.com/NicolasMaduro.

20 Kim Tong, "North Korea Stresses Alignment with Russia Against US and Says
Putin Could Visit at an Early Date," AP News, Jan. 21, 2024, apnews.com.

21 Maziar Motamedi, "Iran's Raisi After 'Strategic' Ties in South America Tour," Al
Jazeera, June 12, 2023, www.aljazeera.com.

22 Anne Applebaum, "The 22-Year-Old Blogger Behind Protests in Belarus,"
Atlantic, Aug. 21, 2020, www.theatlantic.com.

23 Ivan Nechepurenko and Neil Vigdor, "Who Is Roman Protasevich, the Captive
Journalist in Belarus?," *New York Times*, June 14, 2021.

24 Chas Danner, Matt Stieb, and Eve Peyser, "European Union Bans Its Airlines
from Flying over Belarus," *New York*, May 24, 2021, nymag.com.

25 Michelle Bachelet, "Belarus: 'You Are Not Human Beings,'" Amnesty
International, Jan. 18, 2021, eurasia.amnesty.org.

26 Andrew Higgins, "With Pardon of Roman Protasevich, Belarus Fuels a Tale of
Betrayal," *New York Times*, May 23, 2023.

27 Alexey Kovalev (@Alexey__Kovalev), Twitter, May 23, 2021, 9:56 a.m., twitter.
com/Alexey__Kovalev.

28 "Russia Defends Belarus over Plane Diversion," *Moscow Times*, May 24, 2021.

29 "Transnational Repression: Understanding and Responding to Global
Authoritarian Reach," Freedom House, 2024, 접속일 Feb. 18, 2024, freedom
house.org/report/transnational-repression.

30 Vanessa Guinan, "Russian Vadim Krasikov Convicted of Assassinating Chechen
Tornike Khangoshvili in Tiergarten," *Washington Post*, Dec. 15, 2021.

31 Paul Kirby, "Russian Sausage Tycoon Pavel Antov Dies in Indian Hotel Fall,"
BBC, Dec. 27, 2022, www.bbc.com/news.

32 Amit Chaturvedi, "Russian Businessman Dmitry Zelenov Dies Under Mysterious
Circumstances," NDTV, Dec. 19, 2022, www.ndtv.com.

33 Michael Schaffer, "A Putin Critic Fell from a Building in Washington. Was It Really a Suicide?," *Politico*, Aug. 26, 2022.

34 Matthew Levitt, "Trends in Iranian External Assassination, Surveillance, and Abduction Plots," Combating Terrorism Center at West Point, Feb. 8, 2022, ctc. westpoint.edu.

35 "U.S. Attorney Announces Charges and New Arrest in Connection with Assassination Plot Directed from Iran," Department of Justice, Feb. 27, 2023, www.justice.gov.

36 Joanna Kakissis, "Uighurs in Turkey Fear China's Long Arm Has Reached Their Place of Refuge," NPR, March 13, 2020, www.npr.org.

37 Ronn Blitzer, "FBI, DOJ Announce Indictment Against 8 Chinese Operatives," Fox News, Oct. 28, 2020, www.foxnews.com.

38 Teng Biao, "No Escape: The Fearful Life of China's Exiled Dissidents," Al Jazeera, April 9, 2018, www.aljazeera.com.

39 "Two Arrested for Operating Illegal Overseas Police Station of the Chinese Government," Department of Justice, April 19, 2023, www.justice.gov.

40 Anna Holligan, "China Accused of Illegal Police Stations in the Netherlands," BBC, Oct. 26, 2022, www.bbc.com/news.

41 "Venezuelan Military Refugee in Chile Is Abducted from His Home in an Apparent Commando Operation," MercoPress, Feb. 22, 2024, en.mercopress. com; Catalina Batarce and Gianluca Parrini, "El inédito diario de torturas del teniente Ojeda," March 3, 2024, La Tercera, www.latercera.com.

42 Ruth Maclean, "How a Savior of Rwanda, Paul Rusesabagina, Became Its Captive," *New York Times*, Sept. 20, 2021.

43 Nadine Yousif and Neal Razzell, "Who Was Canadian Sikh Leader Hardeep Singh Nijjar?," BBC, Oct. 2, 2023, www.bbc.com/news.

44 Will Fulton, Joseph Holliday, and Sam Wyer, "Iranian Strategy in Syria," Institute for the Study of War, 2013, 접속일 Feb. 20, 2024, www.understandingwar.org.

45 Anna Borshchevskaya, "Russia's Strategic Success in Syria and the Future of

Moscow's Middle East Policy," Lawfare, Jan. 23, 2022, www.lawfaremedia.org.

46 James Ball, "Syria Has Expanded Chemical Weapons Supply with Iran's Help, Documents Show," *Washington Post*, July 27, 2012.

47 Kareem Shaheen, "MSF Stops Sharing Syria Hospital Locations After 'Deliberate' Attacks," *Guardian*, Feb. 18, 2016.

48 Don Melvin, "Syria Hospital Bombings Destroy Health Care, MSF Says," CNN, Feb. 18, 2016, www.cnn.com; Pamela Engel, "Russia Attacking Hospitals in Syria," *Business Insider*, Feb. 21, 2016, www.businessinsider.com.

49 Independent International Commission of Inquiry on the Syrian Arab Republic, "13th report of the Commission of Inquiry on the Syrian Arab Republic," Feb. 2, 2017, OHCHR, www.ohchr.org.

50 "The Kremlin's Chemical Weapons Disinformation Campaigns," U.S. Department of State, May 1, 2022, www.state.gov.

51 Scott Pelley, "What a Chemical Attack in Syria Looks Like," CBS News, Feb. 25, 2018, www.cbsnews.com.

52 Anne Applebaum, "Opinion: Russia Is Lying About Syria. But Trump Has No Credibility to Counter It," *Washington Post*, April 13, 2018.

53 "Assad Gets Warm Reception as Syria Welcomed Back into Arab League," Al Jazeera, May 19, 2023, www.aljazeera.com.

54 Nike Ching, "Khamenei: Iran Never Trusted West, Seeks Closer Ties with China," Voice of America, Jan. 23, 2016, voanews.com.

55 Reuel M. Gerecht and Ray Takeyh, "The Mullahs and the Dragon," *National Review*, Dec. 21, 2023, www.nationalreview.com.

56 Jack Watling, Oleksandr V. Danylyuk, and Nick Reynolds, "The Threat from Russia's Unconventional Warfare Beyond Ukraine, 2022–24," Royal United Services Institute, Feb. 20, 2024, static.rusi.org.

57 Bruce Riedel, "Hezbollah and the Axis of Resistance in 2024," Brookings Institution, Jan. 16, 2024, www.brookings.edu.

58 Nicholas Frakes, "How Hezbollah Uses Ramadan TV Shows to Bolster Its

Image," New Arab, April 19, 2023, www.newarab.com.

59   Kirsten Anna and Mohamed Keita, "Russia's Influence in Mali," Human Rights Foundation, Aug. 11, 2023, hrf.org.

60   Auric J. Ouakara, Radio Lengo Songo, Feb. 13, 2024, lengosongo.cf.

61   Roger Cohen, "Putin Wants Fealty, and He's Found It in Africa," *New York Times*, Dec. 27, 2022.

62   "Wagner Group Uses Mafia-Style Tactics to Dominate CAR's Diamond Sector," *Africa Defense Forum*, Aug. 1, 2023, adf-magazine.com.

63   Watling, Danylyuk, and Reynolds, "Threat from Russia's Unconventional Warfare Beyond Ukraine."

5장 민주주의자 깎아내리기

1   Gene Sharp, *From Dictatorship to Democracy: A Conceptual Framework for Liberation* (Boston: The Albert Einstein Institution, 2002), 1.

2   Ruaridh Arrow, "Gene Sharp: Author of the Nonviolent Revolution Rulebook," BBC, Feb. 21, 2011, www.bbc.com/news.

3   Vaclav Havel, "The Power of the Powerless," Hannah Arendt Center for Politics and the Humanities, Bard University, Dec. 23, 2011, hac.bard.edu.

4   Evan Mawarire, "#ThisFlag. The 1st Video That Started It All," video, YouTube, www.youtube.com.

5   에반 마와리레와의 인터뷰, May 2023.

6   Jonathan Moyo (@ProfJNMoyo), Twitter, May 9, 2016, 1:41 a.m., twitter.com/ProfJNMoyo.

7   Farai Mutsaka, "Zimbabwe's Flag Center of Social Media War over Frustrations," AP News, June 11, 2016, apnews.com.

8   에반 마와리레와의 인터뷰, May 23, 2023; "Supporters in Zimbabwe Fume After Protest Pastor Leaves for US," Voice of America, Aug. 21, 2016, www.voanews.com.

9   Philip Freeman, "Cicero, Dirty Tricks, and the American Way of Campaigning,"

Wall Street Journal, March 16, 2012.

10 Bill Keller, "Innocent Googling? No Such Thing in Tehran," *New York Times*, June 16, 2009.

11 "Joint News Conference by Trump and Putin: Full Video and Transcript," *New York Times*, July 16, 2018.

12 David M. Herszenhorn and Ellen Barry, "Putin Contends Clinton Incited Unrest over Vote," *New York Times*, Dec. 8, 2011.

13 Russian Ministry of Foreign Affairs, " 'Euromaidan': 10 Years of Disappointment," Nov. 21, 2023, russianembassyza.mid.ru/en.

14 Timothy Snyder, "Ukraine's Maidan Revolution," *Thinking About…*, Substack, Nov. 21, 2023, snyder.substack.com.

15 "Mawarire Is No Saint," *The Herald*, July 23, 2016, www.herald.co.zw.

16 Amy Slipowitz and Mina Loldj, "Visible and Invisible Bars," Freedom House, 2023, freedomhouse.org, 접속일 Feb. 16, 2024.

17 David E. Hoffman, *Give Me Liberty: The True Story of Oswaldo Payá and His Daring Quest for a Free Cuba* (New York: Simon & Schuster, 2022).

18 "Beaten to Death by State Security: RSF Shocked by Gruesome Murder of Independent Journalist in China," Reporters sans Frontières, Nov. 21, 2023, rsf. org.

19 Michael Parks, "South Africa Bans Public Protest at Funerals," *Los Angeles Times*, Aug. 1, 1985.

20 "Funerals Become Scenes of Myanmar Resistance, More Violence," AP News, March 28, 2021, apnews.com.

21 Mike Eckel, " 'Extremism' as a Blunt Tool: Behind the Russian Law Being Used to Shut Navalny Up," RFE/RL, April 29, 2021, www.rferl.org.

22 Marlies Glasius, Jelmer Schalk, and Meta De Lange, "Illiberal Norm Diffusion: How Do Governments Learn to Restrict Nongovernmental Organizations?," *International Studies Quarterly* 64, no. 2 (June 2020): 453–68.

23 "Analysis of Ethiopia's Draft Civil Society Law," Human Rights Watch, Oct. 13,

2008, hrw.org.

24 Harriet Sherwood, "Human Rights Groups Face Global Crackdown 'Not Seen in a Generation,' " *Guardian*, Aug. 26, 2015.

25 "Venezuela: ONGs en Venezuela bajo grave riesgo," Amnesty International, Jan. 11, 2024, www.amnesty.org.

26 "Cuba: Freedom in the World 2023 Country Report," Freedom House, 2023, freedomhouse.org.

27 Tina Dolbaia and Maria Snegovaya, "In Georgia, Civil Society Wins Against Russia-Style 'Foreign Agents' Bill," *CSIS*, March 15, 2023, www.csis.org.

28 "Egypt: Crackdown on Human Rights Defenders Continues amid Ongoing 'Foreign Funding' Investigation," Amnesty International, July 30, 2021, www. amnesty.org.

29 Godfrey Musila, "The Spread of Anti-NGO Measures in Africa: Freedoms Under Threat," Freedom House, 2019, 접속일 Feb. 18, 2024, freedomhouse.org.

30 Tom Phillips and Christy Yao, "China Passes Law Imposing Security Controls on Foreign NGOs," *Guardian*, April 28, 2016.

31 Reuters, "Key Venezuela Opposition Figure Barred from Office for 15 Years," Voice of America, April 7, 2017, www.voanews.com.

32 Paw Htun, "Myanmar Military's Attempts to Smear Suu Kyi as Corrupt Have Failed," *Irrawaddy*, May 17, 2022, www.irrawaddy.com.

33 Digital Forensic Research Lab, "#InfluenceForSale: Venezuela's Twitter Propaganda Mill," Medium, Feb. 3, 2019, medium.com.

34 Brandtley Vickery, "Mohammed bin Salman's 'Army of Flies': Saudi Arabia's Creative Spread of Disinformation and Attack on Political Dissidence," Democratic Erosion, Nov. 30, 2021, www.democratic-erosion.com.

35 Zosia Wanat, "Senior Polish Official Quits in the Wake of Internet Trolling Allegations," *Politico*, Aug. 20, 2019, www.politico.eu.

36 Magdalena Gałczyńska, "Troll Farm at the Ministry of Justice," Onet Investigation, Themis Stowarzyszenie Sędziów, Aug. 19, 2019, themis-sedziowie.eu.

37 데니세 드레세르와의 인터뷰, Feb. 2023.

38 Jonathan Eig, *King: A Life* (New York: Farrar, Straus and Giroux, 2023), 392–400.

39 Michael E. Miller, "Nixon Had an Enemies List. Now So Does Trump," *Washington Post*, Aug. 19, 2018.

40 Mary Clare Jalonick, "Jan. 6 Takeaways: Trump's State Playbook; 'Hateful' Threats," AP News, June 21, 2022, apnews.com.

맺으며: 민주주의자들의 단결을 위하여

1   Dave Sherwood, "Special Report: How Cubans Were Recruited to Fight for Russia," Reuters, Oct. 3, 2023.

2   Wendell Steavenson, "Nagorno-Karabakh, the Republic That Disappeared Overnight," *1843 Magazine*, Jan. 1, 2024, www.economist.com.

3   837 Parl. Deb. H.C. (6th ser.) (2024) col. 668.

4   Pieter Haeck, "Russian Propaganda Network Paid MPs, Belgian PM Says," *Politico*, March 28, 2024.

5   "Joint Statement of the Russian Federation and the People's Republic of China on the International Relations Entering a New Era and the Global Sustainable Development."

6   "Full Text Transcript of Putin & Kim Jong-un Meeting," *Mirage News*, Sept. 13, 2023, www.miragenews.com.

7   Johnny Harris, "Kim Jong Un Warns US Would Be Crushed in War with North Korea," YouTube, 2024, www.youtube.com.

8   "Dmitry Medvedev Says Ukraine Should Not Exist in Any Form, Calling It a 'Cancerous Growth,'" *Meduza*, Jan. 17, 2024, meduza.io.

9   Andrew Osborn, "Putin Ally Says 'Ukraine Is Russia' and Historical Territory Needs to 'Come Home,'" Reuters, March 4, 2024.

10 Josh Rogin, "Opinion: In May, Ukrainian Oligarch Said Giuliani Was Orchestrating a 'Clear Conspiracy Against Biden,'" *Washington Post*, Oct. 3, 2019; Ben Schreckinger, "Ukraine Scandal Ropes in Clinton-Era GOP

Operatives," *Politico*, Oct. 3, 2019.

11 "The Kremlin's Efforts to Spread Deadly Disinformation in Africa," U.S. Department of State, Feb. 12, 2024, www.state.gov.

12 Kate Connolly, "Germany Unearths Pro-Russia Disinformation Campaign on X," *Guardian*, Jan. 26, 2024.

13 Andrew E. Kramer, "Russia Cuts Off Gas to Ukraine in Cost Dispute," *New York Times*, Jan. 2, 2006.

14 Jack Farchy et al., "Russia Cuts Off Gas Supplies to Ukraine," *Financial Times*, June 16, 2014, www.ft.com.

15 Erika Solomon and Katrin Bennhold, "How a German State Helped Russia Complete Nord Stream 2," *New York Times*, Dec. 2, 2022.

16 Judy Dempsey, "Exhibition Traces Ties Between Germany and Russia," *New York Times*, Dec. 20, 2012.

17 Tassilo Hummel et al., "The Meat Magnate Who Pushed Putin's Agenda in Germany," Reuters, May 31, 2023; "Designierter Bundespräsident Steinmeier liebt den FC Schalke," *DerWesten*, Nov. 15, 2016, www.derwesten.de.

18 Katrin Bennhold, "How the Ex-chancellor Gerhard Schröder Became Putin's Man in Germany," *New York Times*, April 23, 2022.

19 Melissa Eddy, "German Government Nationalizes Gas Unit Seized from Gazprom," *New York Times*, Nov. 14, 2022.

20 "Remarks by National Security Advisor Jake Sullivan on Renewing American Economic Leadership at the Brookings Institution," White House, April 27, 2023, whitehouse.gov.

21 Craig Unger, "Trump's Businesses Are Full of Dirty Russian Money. The Scandal Is That It's Legal," *Washington Post*, March 29, 2019.

22 "Speech by President von der Leyen on EU-China Relations to the Mercator Institute for China Studies and the European Policy Centre," European Commission, March 27, 2023, ec.europa.eu.

글의 출처

이 책에 실린 글의 일부는 아래 글들에 바탕을 둔 것이다.

《애틀랜틱(The Atlantic)》
"Conservatives and the False Romance of Russia," December 12, 2019.
"Venezuela Is the Eerie Endgame of Modern Politics," February 27, 2020.
"A KGB Man to the End," September 2020.
"How China Outsmarted the Trump Administration," November 2020.
"How to Put Out Democracy's Dumpster Fire," April 2021.
"Other Regimes Will Hijack Planes Too," May 24, 2021.
"The Kleptocrats Next Door," December 8, 2021.
"The Bad Guys Are Winning," December 2021.
"America Needs a Better Plan to Fight Autocracy," March 15, 2022.
"There Is No Liberal World Order," March 31, 2022.
"China's War Against Taiwan Has Already Started," December 14, 2022.
"There Are No Rules," October 9, 2023.

《워싱턴 포스트(The Washington Post)》
"Let a Thousand Filters Bloom," July 20, 2005.
"How the U.S. and Britain Help Kleptocracies Around the World —And How We Pay the Price as Well," May 13, 2016.

《스펙테이디(The Spectator)》(영국)
"Letting Russia into the G8 Gave Tacit Approval to Putin," March 3, 2014.

《뉴욕 리뷰 오브 북스(The New York Review of Books)》
"How He and His Cronies Stole Russia," December 18, 2014.

찾아보기

주식회사 독재정치
세계를 주무르려는 자들의 네트워크

1판 1쇄 2025년 3월 25일

지은이 | 앤 애플바움
옮긴이 | 현대정치연구회

펴낸이 | 류종필
편집 | 이정우, 노민정, 권준, 이은진
경영지원 | 홍정민
교정교열 | 문해순
표지 디자인 | 석운디자인
본문 디자인 | 박애영

펴낸곳 | (주)도서출판 책과함께
　　　　주소 (04022) 서울시 마포구 동교로 70 소와소빌딩 2층
　　　　전화 (02) 335-1982
　　　　팩스 (02) 335-1316
　　　　전자우편 prpub@daum.net
　　　　블로그 blog.naver.com/prpub
　　　　등록 2003년 4월 3일 제2003-000392호

ISBN 979-11-94263-30-2　03300